삶
프로젝트
수업
이야기

삶 프로젝트 수업 이야기

제1판 제1쇄 발행 2021년 8월 2일

지은이 최진열
펴낸이 강봉구

펴낸곳 작은숲출판사
등록번호 제406-2013-000081호
주소 10880 경기도 파주시 신촌로 21-30(신촌동)
서울사무소 04627 서울시 중구 퇴계로32길 34
전화 070-4067-8560
팩스 0505-499-8560
홈페이지 http://www.littleforestpublish.co.kr
이메일 littlef2010@daum.net

ISBN 979-11-6035-114-9 03370
값은 뒤표지에 있습니다.

수업을 기록하고 함께 연구하는 교사들의

살아 있는 수업 이야기

삶 프로젝트 수업 이야기

최진열 지음

작은숲

차례

프롤로그

1 삶프로젝트 연구 모임

2 삶프로젝트가 생각하는 수업

3 주관성의 한계와 대안

4 새로운 수업을 위한 실천적 노력

5 삶프로젝트 수업의 충분조건들

에필로그

프롤로그

삶프로젝트의 시작

많은 교사들에 의해서 프로젝트 수업이 설계되지만 그 방향은 참으로 다양한 것 같습니다. 어떤 교사는 교과나 단원을 효과적으로 지도하기 위해 재구성 작업을 중심으로 프로젝트를 고민하는 것 같습니다. 어떤 교사는 아이들에게 풍부한 경험을 제공하기 위해 다양한 활동 자체를 프로젝트로 기획하기도 합니다. 어떤 교사는 산출물을 프로젝트로 설정하고 그것을 만들어 내기 위한 과정으로 아이들의 활동을 배치합니다. 어떤 형태라도 다 그 나름의 의미는 있겠습니다만 저는 다른 방향에서 프로젝트 수업을 접근해 보았습니다. 수업의 출발점을 아이들의 삶에서 의미를 찾아보고 그것을 좇아가는 것에 두고자 했습니다. 현재 아이들의 삶이 무엇인지를 알아보고 그것에 바탕을 둔 주제를 찾아낸다면 훨씬 힘 있게 다양한 수업을 가꾸어 갈 수 있지 않을까 하는 것이었습니다. 하지만 감히 아이들의 삶을 알아본다는 것은 그리 쉬운 일이 아니었습니다. 부단한 노력만으로는 어려웠기에 삶을 살펴보기 위한 적절한 방법이 필요했습니다. 그래서 찾아간 길이 아이들의 삶을 기록하고 그것을 수업 공동체가 함께 나누어 읽으며 그 의미를 살펴보는 것이었습니다.

그 출발은 2012년으로 기억합니다. 당시 경북 울진에는 수업을 연구하는 모임이 있었습니다. 그곳에서 활동하시는 오은경 선생님의 제안으로 울진 교사 모임과 함께 프로젝트 수업에 관한 워크숍을 진행한 적이 있습니다. 휴일을 이용해서 대략 10여 명이 모여 1박 2일로 워크숍을 진행했는데 주로 '기록'에 관심을 두고 집중적인 노력을 기울였습니다. 아이들의 활동을 기록하면서 그 안에 있는 아이들의 세계를 기록자의 관점에서 찾아보고 수업의 실마리도 찾고자 했습니다. 그리고 이후 수업에서 아이들과 이야기를 이어 가며 그 수업에 생명력을 불어넣기 위해 노력했습니다.

그렇게 했던 이유는 교과와 단원으로 조각나 있는 기존의 수업을 아이들 삶의 이야기로 이어 나가는 것이 바람직하다고 믿었기 때문이었습니다. 당시 우리에게 기록은 수업의 물꼬를 트고 생명력을 불어넣는 좋은 도구였습니다. 그래서 울진의 여러 선생님들이 아이들의 활동 과정을 기록하기 위해 많은 애를 썼습니다. 울진의 프로젝트 수업 연구 활동은 2년 가까이 연결되어 갔습니다.

저는 이렇게 기록에 큰 의미를 부여해 왔습니다. 기록이란 것은 단순히 지나가 버린 수업을 저장해 놓은 자료가 아니라, 그 이상의 기능을 해낸다는 것을 '느낌'으로 알고 있었기 때문입니다. 나와 아이들을 다시 볼 수 있게 되었고, 이후 활동에서 어떻게 할 것인지를 그릴 수 있게 되었고, 함께 대화를 나누는 선생님들과 새로운 공부거리들을 찾아낼 수 있게 되었고, 교과와 교육 과정에 대해서도 다시 살펴볼 수 있게 되었습니다. 우리는 시간이 지날수록 기록이 그렇게 대단한 역할을 해내는 데는 그만한 이유가 있으며 그것을 '느낌'의 차원이 아니라 분명하게 설명할 수 있어야 한다고 생각했습니다. 울진에서의 그 워크숍이 지금 삶프로젝트의 씨앗이 되었다고 해도 과언이 아닙니다.

그로부터 2년이 지나고 구미 해평초등학교 선생님들과도 같은 작업을 진행했습니다. 울진에서처럼 1박 2일간의 집중적인 워크숍을 진행하지는 못했고 1년에 3~4회 정도 간헐적인 컨설팅으로 활동을 했습니다. 그 때문인지 구미 워크숍에서 다루었던 내용의 밀도가 낮은 것이 흠이었지만 그나마 중간에 멈추지 않고 계속 공동 작업을 진행할 수 있었던 것은 큰 자산이 되었습니다. 그렇게 한두 해가 지나면서 점차 프로젝트 수업 연구 모임에 참여하는 선생님들이 늘어나게 되었고 학교와 지역을 넘어서는 경북 지역 단위의 프로젝트 수업 연구 모임으로 성장하게 되었습니다.

모임이 이어지고 커지면서 우리의 고민 또한 '기록'에 멈추지 않고 '의미 해석'으로 깊어진 것은 큰 성과였습니다. 수업자의 눈으로 정리한 아이들 삶의 기록이 어떤 의미인지를 공동 작업으로 해석해내고 이후에 우리는 '어떤 수업을 할 수 있을까?'라는 고민으로 이어지면서 공부거리가 조금씩 늘어났고 교사로서 성장해 가는 행복한 시간이기도 했습니다.

시간이 흐르고 모임이 커지면서 우리는 프로젝트 수업 모임의 '이름'을 찾기에 이르렀습니다. 2015년이었던 것으로 기억합니다. 우리 모임에서 가장 선배님이신 강일병 선생님께서 "우리 프로젝트 수업은 다른 프로젝트 수업과는 확연히 다르다. 그래서 이름 또한 달라야 한다. 그냥 프로젝트 수업이라고 해서는 기존의 것과 구분되지 않아 오히려 오해를 불러일으킬 수 있다. 우리 프로젝트 수업은 아이들의 삶을 읽고 그것에 바탕을 두고 있으니 '삶프로젝트'라고 부르자"라고 제안해 주셨고 모두가 좋다고 받아들이게 된 것이 지금의 삶프로젝트 모임이 되었습니다. 심지어 우리는 다른 수업 모임에 참여하면서 "아니야, 아니야. 우리는 그냥 프로젝트 수업 모임이 아니고 삶프로젝트 모임이야"라고까지 말하기도 합니다.

위에서 '우리'는 평범한 초등학교 교사들입니다. 나이와 성별도 골고루 섞여 있고 근무하는 지역도 안동, 포항, 상주, 울진, 구미, 칠곡 이렇게 다 다릅니다. 더군다나 딱히 자랑거리로 내세울 것도 없는, 무엇하나 잘하는 게 없는 그런 교사들입니다. 다만 어떻게 수업하면 좋을지에 대해 갈증을 느끼며 좌충우돌하고 있을 뿐입니다. 또 현장 교사들 중심의 수업 연구 자료가 많지 않아 우리의 수업에 어떤 이론을 어떻게 적용해야 할지 몰라 막막해 할 뿐입니다. 그래서 삶프로젝트에서 하고 있는 활동들은 많은 미숙함들이 여기저기에 배어 있습니다. 그래도 몇 년에 걸쳐 활동을 이어 오고 있는 것을 보면 나중에 큰 이야깃거리를 던져 줄 수도 있겠다는 자부심이 생깁니다. 덕분에 용기를 얻어 이 책을 엮게 되었습니다. 지금까지 우리가 함께 나누었던 이야기들을 정리해 보고 더 큰 성장의 발판을 마련하고자 합니다.

분명히 미리 말씀드릴 것은 이 책은 당장 수업에서 적용할 수 있는 프로젝트 수업의 사례나 설계안을 제공해 드리지는 못합니다. 어찌 보면 읽기에 상당히 지루하며 당장 교실에서 적용할 수 있을 만큼 친절하지도 않습니다. 끝까지 읽어도 시원함보다는 더 많은 고민거리로 오히려 혼란스러울 수도 있겠습니다. 그럼에도 이 글을 쓰는 것은 프로젝트 수업이 주목받는 이유와 함께, 프로젝트 수업에 접근할 때 필요한 우리의 태도에 대해 다시 한 번 고민을 해 볼 필요가 있겠다고 생각했기 때문입니다.

이 책이 해결서가 아니라 질문서가 될 수 있기를 기대해 봅니다.

2021년 여름에

최진열

삶
프로젝트
수업연구
모임

1

수업의 바탕을 '이해'에 둡니다

삶을 이해하기 위해 기록과 해석이라는 도구를 사용합니다

이해함으로써 다음 수업을 설계합니다

공동체성을 중요하게 생각합니다

요즘 프로젝트 수업이 유행처럼 현장에서 많이 이야기되고 있습니다. 기존의 교과나 단원으로 아이들의 성장을 충분히 자극하기는 어렵다는 공감대가 형성된 것 같습니다. 교과나 단원이 아이들의 흥미를 만족시키지 못하고 배움과 연결되기도 쉽지 않기 때문입니다. 그래서 교과의 건너편 개념인 '프로젝트'가 강조되고 있는 것 같습니다.

하지만 이러한 요구와는 별개로 현장의 많은 교사들에게 프로젝트 수업은 골치 아프고, 어렵고, 화려한 장치가 필요한 것으로 인식되어 환영받지 못하는 것이 현실입니다. 교과 간 융합, 단원의 재구성, PBL 접근 등의 다양한 모습으로 시도되나 왠지 또 다른 하나의 교과와 다르지 않게 되어 버리기도 합니다. 오히려 기존 교과보다 훨씬 복잡해질 뿐입니다. 아이의 입장에서는 또 다른 '교과'일지도 모릅니다.

보통의 경우 프로젝트 수업이 강조된 이유는 아이들의 흥미로운 참여 안에서 배움 활동이 이루어질 수 있게 하기 위해서일 것입니다. 그래서 교사들은 아이들이 흥미로운 것, 몰입할 수 있는 것, 확산되기도 하고 지극히 수렴되기도 하면서, 즐겁게 배울 수 있는 거리들을 찾아 헤매입니다. 새로운 수업의 세계를 열 수 있는 열쇠를 찾고자 고군분투합니다.

현장의 많은 교사들은 새로운 수업의 세계를 열어젖힐 열쇠를 수업 설계에서 찾고 있습니다. 그래서인지 많은 프로젝트 수업 안내 책자 또한 프로젝트 수업의 사례나 구체적인 설계 방안에 중심을 두고 있습니다. 삶프로젝트 수업 연구 모임(이하 우리)은 기본적으로 '수업 설계가 일상의 수업을 변화시킬 수 있을까?'라는 질문에서 출발했습니다. '우리에게 다른 열쇠가 필요한 것은 아닐까?'라는 질문도 함께 가졌습니다.

삶프로젝트를 한 마디로 정의하기는 참 쉽지 않습니다. 우리는 가치관이 다양한 교사들이 모인 집단이기도 하거니와 모임 때마다 서로 다른 생각으로 논의 내용이 여러 갈래로 전개되기도 합니다. 멋진 교육 철학으로 뜻을 세우고 합의한 교사들이 모인 집단도 아니라 종종 혼란을 겪기도 했습니다. 하지만 이런 현상은 지극히 당연한 모습이라고 생각하며 오히려 현장 수업 연구 모임에서는 함께 가져가야 할 과정이라고도 여기고 있습니다. 그래서 굳이 출발점에서부터 우리의 정체성(?)을 일부러 일목요연하게 정리하지 않은 측면도 있습니다.

하지만 시간이 흐를수록 한 번은 우리의 생각들을 정리할 필요가 있다고 생각했습니다. 서로 생각은 다르지만 '함께 있어서 좋다'라는 정도의 공유로는 아쉬움이 있었습니다. 아마도 우리 모임 자체가 '의미'를 중요하게 다루어 왔기 때문이 아닐까라는 생각도 듭니다.

서론 부분에서도 밝혔 듯이 이 책은 프로젝트 수업의 팁을 제공하기 위한 것이 아닙니다. 당장 다음 주에 해내야 할 프로젝트 수업의 매뉴얼을 제공할 수 있는 역량이 우리에게는 없습니다. 뾰족한 수업의 대안을 던져 줄 수도 없습니다. 다만 우리는 교사로서 수업을 바라보는 관점을 바꾸기를 원하고, 수업에 접근하기 위한 동료 교사들(학습 공동체)의 역할을 중요하게 생각하기를 바라며, 아이들과 교사가 수업의 의미를 함께 찾으면서 삶의 주제로 수업을 받아들일 수 있기를 바랍니다. 그것이 삶프로젝트 수업입니다.

이와 관련된 삶프로젝트 수업의 특징 몇 가지를 풀어서 좀 더 살펴보겠습니다.

수업의 바탕을 '이해'에 둡니다

삶프로젝트 수업에서는 수업의 바탕을 교사와 아이들의 삶을 이해하는 데 둡니다. 수업의 바탕을 삶을 이해하는 것에 둔다는 것은 무슨 의미일까요? 보통의 수업을 생각해 본다면 좀 더 쉽게 이해할 수 있을 것 같습니다. 관행에 따른 보통의 수업은 교과와 단원에 바탕을 두고 있습니다. 예를 들자면 과학의 지층과 화산과 같은 교과와 단원이 수업의 바탕이 됩니다. 좀 더 정확히 표현하자면 과학 교과의 지층과 화산 단원에 있는 내용(지식)을 익히거나 탐구하는 과정에 참여하는 것이 수업의 바탕이 되는 것입니다. 수업이 교과에 바탕을 두게 되면 필연적으로 거기에 나오는 내용을 익히거나 탐구 과정에 참여하는 것이 목표가 될 수밖에 없습니다. 따라서 아이들은 목표를 달성해야 하는 수업의 대상이 되기 쉽습니다.[1] 간혹 교과와 단원의 재구성이 이루어지더라도 그것은 효과적으로 목표를 달성하기 위한 기술적인 수단에 머무르는 경우가 많고 수업에서 이미 목표가 주어져 있습니다.

반대로 삶의 이해에 바탕을 둔다는 것은 교과 중심의 목표 지향적 수업을 지양합니다. 오히려 살아가는 과정에서의 이야기를 중요하게 다룹니다. 교사는 수업에서 무엇을 바라는지, 아이들은 무엇을 새롭게 알게 되었는지, 왜 그렇게 했는지, 주변의 상황이나 문화적 배경은 어떠한지를 알아보는 것이 수업의 바탕을 마련하는 것입니다. 왜냐하면 우리는 수업에서의 의미를 중요하게 생각하기 때문이며 이 의미는 이해와 연결됩니다. 그리고 그 삶을 더욱 의미롭고 가치롭게 이어가는 것이 곧 삶프로젝트 수업이 됩니다.[2]

---

1) 우리는 흔히 교과의 내용(지식)을 익히는 것과 탐구과정에 참여하는 것은 질적으로 다른 수준의 것이라고 생각하는 경향이 있습니다. 그래서 보통의 경우 수업에서 지식을 익히는 것은 '단순한'이란 낱말로 덧붙이기도 하고, 탐구과정을 '복잡한 사고과정'이라고 표현하기도 합니다. 물론 탐구과정에 참여하는 것은 지식에 다른 요소들이 결합되어야 가능하나 것은 사실입니다. 하지만 지식과 탐구과정은 서로 순환적인 관계에서 만나며 발전하는 '지적활동'이라는 측면에서는 동일하다고 보여집니다. 물론 지적활동이 가능하게 하는 다른 가치나 태도적인 측면을 외면하고자 하는 것은 아닙니다. 다만 무엇을 중심으로 삼고 살펴볼 것인가에서는 그 차이점을 분명히 하고자 합니다.

2) 이는 단순히 아이들의 관심이나 흥미를 확인하고 충족시켜 주는 것과는 거리가 멉니다. 아이들의 삶을 바탕으로 한다는 것은 현재 아이들이 살고 있는 바, 또는 살고자 하는 바를 단순히 좇아가는 가는 것이 아니라, 아이들 삶에 대한 수업자의 이해를 바탕으로 '성장'이라는 해석의 틀에서 '의미'를 해석하는 작업입니다.

우리는 여기서 굳이 교과를 아이들의 삶과는 다른 것으로 분리하려고 애를 씁니다. 이는 기존 교과의 가치를 완전히 부정하기 위한 것이 아닙니다. 어떤 교과는 그 성격에 따라 아이들이 꼭 익혀야 할 내용을 포함합니다. 경우에 따라서는 특정 교과의 한 단원을 알아보기 위해 프로젝트로 설정하기도 합니다. 그럼에도 굳이 삶과 교과를 애써 분리해서 이야기하는 이유는 교과가 외부에서 주어진 목표로 존재하는 경우가 많기 때문입니다. 아이들의 상황에 따라 의미 있게 재구성될 수 있는 도구가 아니라 일단 익혀야만 하는 목표로 설정되는 것입니다.

여기서 우리는 교과의 역할을 다시 규정할 필요가 있는데 아이들 삶을 이해하는 해석적 도구로 사용하거나, 성장 과정에서 발달을 촉진하는 학습의 한 과정으로 사용하는 것이 타당하다고 여깁니다. 우리는 교과의 의미를 이렇게 여기고 있는데, 일선 학교에서는 아이들 성장의 한 부분일 뿐인 교과를 교육 과정의 전체로 삼고 있기 때문에 굳이 교과와 삶을 분리하려고 하는 것입니다. 우리의 이야기가 교과를 완전히 부정하는 것으로 오해되지 않기를 바랍니다.

기록과 해석이라는 도구를 사용합니다

앞에서 삶프로젝트에서는 삶의 이해를 수업의 바탕으로 삼는다고 밝혔습니다. 그렇다면 삶을 이해한다는 것은 무엇을 뜻하는지, 어떠한 도구를 필요로 하는지 알아봐야 합니다. 타인의 삶을 이해한다는 것은 그 삶을 있는 그대로 하나도 남김없이 꼬치꼬치 다 밝혀내고 확인하는 것이 아닙니다. 다만 나의 제한된 관점 안에서 타인의 삶에 의미를 부여하는 것이라 하겠습니다. 나의 관점 안에서 의미를 부여하는 것! 너무나 일방적이고 주관적이어서 참 편해 보이기도 하고 신빙성이 떨어져 보이기도 합니다. 그렇기에 삶프로젝트에서는 최대한 선입견이나 주관적인 판단은 배제하려고 노력합니다.

참 어렵습니다. 일일이 다 사실들을 밝혀내는 것은 아니라면서도 선입견이나 주관적인 판단은 배제해야 한다니! 얼핏 모순되는 것처럼 보입니다.[3)] 이 애매한 경계를 이어 줄 수 있는 있는 것이 기록과 함께 읽기입니다.

기록은 프로젝트 수업을 시작하기 전 단계의 기록과 프로젝트 수업 과정의 기록으로 나누어서 살펴볼 수 있습니다. 프로젝트 수업을 시작하기 전 단계의 기록은 다시 교사 자신에 대한 이야기와 아이들에 대한 이야기로 나눌 수 있습니다. 교사 자신의 이야기는 2월이나 3월 초에 자기 자신에 대해 적는 것인데 교과관, 아동관, 수업관 등이 드러나게 적습니다.[4)] 아이들에 대한 이야기는 주로 3월 한 달 동안 이루어지는데 아이들 생활과 관련된 모든 것이 소재가 됩니다. 공부 시간에 학습에 참여하는 태도, 쉬는 시간에 노는 모습, 친구들끼리 나누는 대화, 수업 시간에 하는 말, 아이들에게 대응하는 수업자의 말이나 행동, 가정 환경 등 가능한 많은 내용을 적는 것이 좋습니다.

---

3) 나에게 이것을 명쾌하게 설명할 수 있는 능력은 없습니다. 어쨌든 사람은 타인을 자기의 독특한 모국어 영역 안에서 인식하며 이를 언어적 능력으로 이해하게 되는데, 이는 결국 주관적일 수밖에 없습니다. 본질적으로 이해는 주관적인 영역인 것이지요. 다만 이 과정에서 사용하는 언어(생각 또는 인식)를 생각으로만 그치지 않고 글로 드러내는 것이 중요합니다. 그런 다음 여러 사람이 함께 읽어 나가는 공동체적 작업을 거친다면 이런 주관적인 이해의 영역을 공동체의 주제로 가져올 수 있게 되고 가치 있는 대화의 거리로 삼을 수 있습니다.

4) 자세한 방법과 사례는 이 책 5장. 삶프로젝트 수업 구성 예시에서 소개되어 있습니다. 여기서는 간략한 안내만 하려 합니다.

다만 프로젝트 수업 전 교사 이야기는 이후의 기록과 성격이 조금 다릅니다. 수업 시작 후의 기록은 주로 아이들에 대한 이야기가 중심을 이루는데 판단과 선입견을 가급적 배제한 관찰 내용이 중심을 이룹니다. 반대로 수업 전 교사 이야기는 스스로 수업자 자신의 수업에 관한 주관적 세계를 드러내는 과정입니다. 이는 수업자의 자기 이해 과정이기도 하며 이후 수업자가 아이들의 세계와 만나는 방식을 이해하는 바탕이 되기도 합니다.

기록은 그 자체로 매우 중요한 역할을 하게 되지만 '함께 읽기'는 삶프로젝트 수업의 본질과도 직접적으로 맞닿는 부분입니다. 함께 읽기는 이 책의 중심적인 내용이 되기도 하며 곧 삶프로젝트 수업대화를 의미하기도 합니다. 해석을 통한 '이해'의 과정으로 가기 위한 핵심적인 장치라고도 하겠습니다. 수업기록들은 동료 교사들이나 학습공동체[5] 안에서 함께 나누어 읽으면 좋겠습니다. 그러면 차츰 아이들의 세계가 보이게 되고 이 아이들과 무엇을 할 수 있을지에 대한 실마리를 잡을 수 있게 될 것입니다.

다시 한 번 정리하자면, 함께 읽기 이전까지는 아직 프로젝트 수업이 시작되었다고 할 수 없습니다. 프로젝트 수업을 시작하기 위한 바탕을 마련하는 것입니다. 프로젝트 수업을 맥락의 형성 과정이라고

5) 여기서 학습공동체는 동료 교사를 포함하여 소모임, 연구 단체 등을 의미합니다. 교실의 수업 등을 두고 서로 협의하고 모이는 모든 종류의 공동체 모임입니다. 그 단위는 학교 안이 될 수도 있고, 좀 더 넓게 지역 사회 등으로 확대될 수도 있습니다.

본다면 이 단계의 기록은 맥락 형성 전의 기록이 되겠습니다.

그 다음이 프로젝트 수업 과정의 기록인데 이때부터는 하나의 이야기로 맥락이 형성되어야 합니다. 이 이야기의 주제가 바로 삶프로젝트가 됩니다. 꾸준히 맥락을 이어 가기 위해서는 중간중간에 계속해서 학습공동체 안에서 이야기가 공유되어야 하며 함께 해석의 과정들이 뒤따라야 합니다. 우리가 간혹 프로젝트 수업을 진행하다가 중간에 힘을 잃어버려서 어정쩡하게 멈추는 경우가 많은데 학습공동체의 역할이 무엇보다도 중요한 이유이기도 합니다. 해석을 하는 방법을 포함하여 그 구체적인 과정은 이후에 다시 소개하겠습니다.

이해함으로써
다음 수업을 설계합니다

보통의 프로젝트 수업의 경우, 설계를 2월에 이미 해 두는 경우가 많습니다. 철저하게 준비해서 실패를 줄이려고 노력을 기울입니다. 그런데 우리는 이 설계를 3월 이후로 미루고 있습니다. 설계 단계를 기록에 넘겨주려고 합니다.

우리는 왜 굳이 이미 지난 일들, 지난 수업을 기록하고 해석하려는 걸까요? 하루하루 다음 날의 수업을 준비하는 것도 쉽지 않은 3월에 말입니다. 지난 일을 기억에 떠올려 '글'이라는 일상적이지 않은 도구로 하나하나 써 내려가야 하고, 다시 여러 사람이 모여 그것을 읽어 가며 의미를 해석한다는 것은 쉽지 않은 일입니다. 그런데도 딱히 효율적(?)이지 않을 것 같은 기록과 이해의 과정을 거치려는 이유는 무엇일까요?

수업 설계에 앞서 이해 과정이 꼭 필요하다고 믿기 때문입니다. 수업을 함께할 아이들에 대한 이해나, 이 아이들을 만나는 수업자에 대한 이해 없이 수업을 한다는 것은 삶을 구성해 가는 수업을 추구하는 우리에게 적절하지 않습니다.

조금 앞서 말하자면, 기록하는 순간 이미 기록자는 미래에 대한 의지와 힘이 생겨납니다. 더욱이 이 기록들을 학습공동체가 함께 나누어 읽고 해석해 나간다면 그 힘은 훨씬 강해질 것이고 방향은 더욱 뚜렷해집니다. 이것이 곧 기록의 힘입니다. 다시 말해 삶프로젝트 모임에서 하는 기록은 단순한 과거의 저장이 아니라 이후 활동의 이정표 역할을 하게 되고 수업 설계로 연결됩니다.

'이해'라는 것은 의미 해석과 동시에 일어나는 일입니다. 때문에 서로 다르게 쓸 필요가 없을지도 모릅니다. 이 곳에서는 '이해'와 '의미 해석'을 특별한 경우[6]가 아닌 이상 구분하지 않고 쓰려고 합니다. 수업자의 기록을 보고 의미 해석을 하게 되는데, 기록이 해석의 단계로 나아가기 위한 단계의 열쇠로 우리는 '질문'을 사용합니다. 수업자의 기록에 대해 모르는 것을 질문하면서 차츰차츰 수업자의 세계로 다

---

6) 이후에 다루게 될 수업 대화 장에서는 이 둘을 구분해서 사용할 것입니다. '의미 해석'이 학습공동체의 몫이 크다면 '이해'는 수업자의 몫이 크게 작용하기 때문입니다.

가서기 위해서입니다. 그런 다음 의미 해석과 동시에 이해의 단계로 한 걸음 나아가게 됩니다. 그런 다음 '앞으로 무엇을 할 것인가?'에 대한 실마리를 찾고 아이들과 함께 호흡할 수 있는 수업 설계와 실천으로 나아갈 수 있습니다.

공동체성을 중요하게 생각합니다

우리는 프로젝트 수업 과정을 교사 개인의 역량에 의지하지 않습니다. 오히려 반대로 개인의 역량에 기초한 프로젝트 추진을 경계하고 있습니다. 철저하게 함께 읽고, 함께 이야기를 나누고, 함께 길을 찾아가기를 추구합니다. 그렇게 하는 이유는 수업 자체가 가정, 지역사회, 학교, 학급이라는 여러 조직 문화의 반영이기 때문입니다. 각각의 조직이 가지는 특성(문화)이 있고 그 속에서 각자 삶이 이어지며 그에 따라 정서와 사고방식이 영향을 받기에 수업에도 반영될 수밖에 없습니다. 물론 그렇지 않은 수업도 있습니다. 인터넷 수업, 로봇에 의한 수업이 그렇습니다.

이런 복잡한 수업의 세계가 교사 개인의 역량에 따라 해석되는 것을 경계하는 것입니다. 그래서 수업의 공동체성을 중요하게 생각합니다. 우리는 삶의 문화 안에서 수업을 바라보고 나누고 가꾸어 갑니다. 그래서 삶프로젝트에서 강조하는 기록과 의미찾기도 공동체 안에서 해 나가기를 바랍니다.[7)]

우리가 공동체성을 중요하게 생각하는 또 다른 이유는 기록과 의미 해석이라는 것이 철저하게 그 사람의 독특한 주관성에 의해 좌우되기 때문입니다. 물론 우리가 추구하는 것이 객관성이나 사실성에 있다는 것은 절대 아닙니다. 오히려 이 주관성을 당연하게 여기고 받아들입니다. 다만 그 주관의 한계를 서로가 동시에 인정하고 보완하고자 함입니다.

공동체성을 유지하기 위한 대화의 과정은 쉽지 않습니다. 타인의 세계를 이해하고 접근하는 것은 절대 쉽지 않으며 자칫 큰 오해와 갈등의 이유가 되기도 합니다. 그래서 우리는 삶프로젝트에서 수업 대화를 할 때 필요한 절차를 정리하게 되었습니다. 이 과정에 대해서는 별도의 장을 구성하여 자세하게 소개할 것입니다.[8)]

---

7) 수업의 공동체성에 대해서는 이후에 '삶프로젝트가 생각하는 수업의 성격'에서 좀 더 자세히 설명됩니다. 수업이 본래 가질 수밖에 없는 세 가지 성격과 그로 인해서 공동체성이 강조되는 것입니다.

8) 우리가 사용하는 수업 대화 과정은 서근원 교수님의 '아이 눈으로 수업보기'에서 큰 도움을 받았습니다.

삶
프로젝트가
생각하는
수업

2

수업은 세 가지 성격을 가집니다

수업은 살아 움직입니다

수업은 여러 측면에서 다양한 의미를 드러낼 수 있습니다

수업을 바라보고 이해하는 방식은 참으로 다양합니다. 현장에서 자주 실시되는 수업 연구 모습을 살펴보면 그 편차가 분명하게 드러납니다. 칠판의 판서를 이야기하는 사람, 교사의 발문에 관해 이야기하는 사람, 아이들의 태도에 대해 이야기하는 사람, 청소 상태나 교실 환경 구성에 대해 이야기하는 사람, 교과서 활용이나 수행 평가에 대해 이야기하는 사람 등 각자 자기의 관점을 가지고 있고 그것을 수업자에게 전달하려고 애를 쓰고는 합니다. 수업자는 고개를 끄덕이기는 하지만 내심 감명 깊게 그 잔소리들을 주워 담는 경우는 흔치 않습니다. 수업자와는 서로가 다른 수업관을 가지고 있기 때문입니다.

수업을 실행하기 위해 접근하는 방식도 마찬가지로 다양합니다. 단계를 설정한 다음 친절하게 설명과 안내로 지도하기도 하고, 충분한 활동으로 온몸으로 자연스레 익히게 하기도 하고, 날카로운 질문으로 지적 호기심을 자극하기도 하고, 다양한 멀티미디어를 활용하기도 합니다.

수업에 접근하는 이런 방식들은 여러 방향으로 정리되거나 철학으로 범주화되어 왔습니다. 그것들은 또다시 나중에 여러 수업 상황을 이해하는 데 결정적인 역할을 하기도 하고 수업을 구성하는 데 나침반 구실을 하기도 합니다. 다른 한편으로는 교실 수업에서 일선 교사들이 쉽게 수업 활동으로 구체화할 수 있도록 여러 가지의 수업 절차로 매뉴얼화된 모습을 갖추기도 합니다.

하지만 교사들이 내 교실 수업에서 교육 철학을 적용하기나 수업 절차를 시도해 보기에는 무언가 나에게 맞지 않는 것 같은 어려움을 겪고는 했습니다. '우리의 교육 철학을 수업에서 어떠한 절차로 구체화시킬 수 있을까?'에 대한 질문은 여전히 남아 있습니다. 이는 그간의 수많은 수업 절차들이 우리의 갈증을 해소시키기에는 다소간 아쉬움이 있었음을 의미하기도 합니다. 절차들에 따라서는 어떤 공간에서는 굉장히 유의미하게 작동하나 반대로 그렇지 못하기도 합니다. 어떤 이에게는 큰 깨달음을 주기도 하지만 어떤 이에게는 영혼 없는 매뉴얼로 그치기도 합니다.

이런 혼란을 삶프로젝트의 실천 과정에서는 덜 겪기 위해서라도 우리가 생각하는 수업관에 대해 분명히 밝혀 둘 필요가 있다고 생각합니다.

수업은 세 가지 성격을 가집니다

우리는 2017년도 삶프로젝트 책에서 이미 수업의 세 가지 성격에 대해 썼습니다. 이 성격은 삶프로젝트 회원들이 다년간 수업에 대해 고민하고 토의한 것을 정리한 것입니다. 수업 상황을 통해 학습자와 교사가 나누는 의미를 중요하게 생각해 온 결과이기도합니다.

그 첫 번째 성격은 관계성입니다. 교사와 아이들이 처한 상황 속에서 복잡하게 얽힌 관계에 의해 수업의 의미가 결정된다는 것입니다. 서로가 어떠한 시간을 살아왔는지, 어떤 지역적 특성 속에서 살고 있는지, 그로 인한 만남의 모습은 어떠한지에 따라 수업의 의미가 달라집니다. 우리 모두가 지극히 당연하게 받아들이는 것이지만 독특한 성향을 가진 한 개인이 또 다른 독특한 성향을 가진 타인 또는 공동체를 만나면서 생기는 복잡미묘한 관계는 사실 객관적 설명과 예측 자체가 불가능할 지경입니다. 그래서 수업이 마음먹은 것과는 다르게 참으로 다이내믹하게 흘러간다고 밝혔습니다. 하지만 희안하게도 많은 이들이 수업 또한 이런 관계성을 바탕으로 다양한 의미를 품은 채 진행된다는 사실에 거리를 두려고 합니다. 수업이 가지는 관계성은 부정할 수 없는 성질이라 생각하고 있으며 오히려 충분히 존중되어야 할 부분으로 받아들입니다. 아이들끼리의 관계는 물론이거니와 교사와 아이와의 관계, 부모와의 관계 등 여러 관계가 얽혀 수업에 영향을 끼친다는 사실을 중요한 한 축으로 생각합니다.

수업의 두 번째 성격은 주관성인데 첫 번째 성격인 관계성으로 인해 당연히 따라올 수밖에 없습니다. 수업이 정해진 매뉴얼이나 지도안에 따라 진행되더라도 교사의 주관적인 관점과 아이의 정서에 따라 그 의미가 다르게 구성된다는 것입니다. 왜냐하면 교사와 아이는 관계 속에서 서로를 바라보는 자기의 의식 범위 안에서 의미를 구성하기 때문입니다. 그래서 수업의 의미는 수업자가 누구냐에 따라, 학습자가 누구냐에 따라, 그것을 드러내는 기록에 따라 달라집니다. 아무리 여러 조건들을 통제한다고 해도 살아 있는 생명처럼 수업의 의미가 꿈틀거리며 곳곳에서 다양한 모습으로 나타납니다.

마지막 세 번째 성격은 수업이 독특한 이야기 구조[9]를 가지게 되면서 생기는 맥락성입니다. 일상적인 수업이 아무리 교과와 차시로 단절되어 있다 하더라도 그 속에서 살아가는 교사와 아이들의 인식은 단절될 수 없기에 필연적으로 맥락성을 띨 수밖에 없습니다. 즉, 자기만의 이야기가 있게 마련이고 이것이 수업 속에 반영이 됩니다. 앞선 시간의 수업이 뒷 시간에 영향을 끼치고, 아침에 있었던 엄마와의 대화가 그날 여러 시간의 수업에 영향을 미치고, 짝이거나 가까이에 앉은 친구의 모습에 영향을 받는 것입니다. 오랜 시간 교실에서 같이 지내 온 친구들과 교사와의 관계 안에서 만들어진 이야기의 연장선에 수업이 놓이게 됩니다. 교사와 아이들이 함께 살아온 삶의 결에 따라서도 아이들은 독특한 정서를 가지는데, 이 모든 것들이 서로 합쳐져서 그들만의 이야기가 만들어지고 서로의 마음 깊은 곳에 살아 있기 마련입니다. 이것이 맥락성입니다.

수업이 이 세 가지 성격을 가지는 이유는 수업이 교사와 아이의 인식이 반영된 결과물이기 때문입니다. 이 인식은 아이에게는 10여 년 동안의 삶이 축적된 것이며 교사에게는 그 몇 배의 시간이 축적된 결과라 그것을 떠나 서로 만난다는 것은 쉽지 않습니다. 솔직히 말해 불

9) 수업 속의 이야기는 굉장히 복잡한 관계를 가지고 있어서 누가 어떻게 드러내는가에 따라 많이 달라집니다. 여기서 '독특한 이야기'는 여러 측면의 의미 중에서 수업 기록자에 의해 드러난 지극히 일부분에 해당합니다. 그 일부분은 기록자의 인식에 기반하고 있으며 그 만큼 말 그대로 독특한 측면을 가지게 됩니다. 우리는 이 이야기를 중요하게 생각하는데 수업을 객관적인 사실로 파헤치는 것과는 크게 다릅니다.

가능에 가깝습니다. 그래서 아무리 수업을 교과와 지도안으로 표준화하려 해도 그 안에서의 의미를 통제하는 것은 가능하지 않습니다. 때문에 우리는 관행적으로 해 왔던 장학 지도에서처럼 수업을 보면서 표면상으로 흐르는 '전달된 지식'과 '전개된 활동 과정'만을 이야기할 때, 내키지 않는 미심쩍은 무언가를 떨쳐 버릴 수가 없는 것입니다.

특히 많은 교사나 관리자들은 수업의 주관성을 받아들이기 힘들어하고 심지어 불편해 하기도 합니다. 국가 수준의 교육 과정과 교과, 교과서가 엄연히 존재하는데도 상황에 따라 시시각각 의미를 달리하는 주관성이라니 받아들이기가 쉽지 않습니다. 교사의 존재 이유와 역할을 부정하는 것으로 받아들이기도 합니다. 무책임한 아나키스트처럼 보일 수도 있습니다. 하지만 조금만 솔직히 바라보면 아무리 교육 과정을 정교하게 매뉴얼화하고 수업 과정을 표준화해도 그 안에서 이루어지는 아이들의 경험은 천차만별일 수밖에 없음은 누구나 다 알고 있습니다. 수업의 주관성은 필연적으로 나타날 수밖에 없는 결과입니다. 수업은 교사와 아이들의 인식이 반영된 살아 있는 생명체와도 같기 때문입니다.

어떤 분은 "위에서 수업의 세 가지 성격을 말하기 이전에 '수업의 이유'에 대해서 먼저 밝혀야 하지 않냐?"고 따질 수도 있겠습니다. 그래서 한때 어쩌면 수업의 본질에 대한 우리의 의견을 먼저 이야기했어야 할지도 모른다는 생각도 살짝 했습니다. 그런데 수업을 무엇을 가지고 왜 하는지에 대한 규정도 없이 지금껏 수업의 실행 과정에서 따라오는 부차적인 부분만을 성격으로 늘어놓으니 답답하게 여기실

분도 있겠습니다. 물론 앞으로도 이 글은 앞에서 밝힌 수업의 성격을 기반으로 전개됩니다. 하지만 큰 걱정은 없습니다. 제목에서도 밝혔듯이 우리는 수업을 이해와 실천이 서로 연결되는 과정으로 여기고 있습니다. 다시 말해 수업을 성격을 바탕으로 이해와 해석의 절차를 밟아 간다면 자연스레 '수업의 이유'에 접근할 수 있을 것이라 믿습니다.

수업은
살아 움직입니다

우리는 수업을 하기 전에 '지도안'이라는 수업 계획을 작성합니다. 지도안에는 아이들이 학습할 내용과 방향, 학습 도구 등이 드러나 있습니다. 물론 지도안의 종류에 따라 여러 가지의 정보가 함께 담기기도 합니다. 중요한 것은 수업의 목표와 방향은 어느 지도안에나 정해져 있습니다. 한 편의 시나리오와 같습니다. 교사는 이 계획을 이루어내기 위해 혼신을 다합니다. 재롱꾼이 되기도 하고, 근엄한 권위자가 되기도 하고, 친한 친구가 되기도 했다가, 한 발 떨어진 구경꾼이 되기도 합니다. 어쨌든 중요한 것은 이미 계획된 수업의 흐름을 유지해야 할 의무가 교사에게 주어집니다.

간혹 그 흐름을 유지하기 힘들 정도의 변수가 생긴다면 그야말로 참 당황스럽기 짝이 없습니다. 모둠 친구끼리 싸움이 생긴다든지, 아픈 아이가 생긴다든지, 예상하지 못한 질문이 나온다든지, 교사가 원하는 반응이 아이들에게서 나오지 않는다든지 하면 교사는 그 장애물을 지혜롭게 제거해야 할 순발력도 발휘해야 합니다. 그리고 최대한 빨리, 아무일도 없었던 것처럼 원래 계획을 이뤄 내야 합니다. 이런 것이 일반적인 수업입니다. 교과 내용이 중심이 되고 아이들이 대상이 되는 딱딱한 수업입니다. 간혹 프로젝트 수업에서도 이런 경향은 드러냅니다. 교사가 기획한 프로젝트를 중심에 두게 된다면 그 프로젝트 또한 다른 교과와 다를 것이 없는 목표가 되고 아이들은 대상이 되기 쉽습니다.

하지만 수업은 짜여진 대로 움직이기 보다는 굉장히 유연하면서도 언제 어디로 움직일지 모르는 생명체와 같습니다. 수업이 가지는 겉모습이 아무리 일사분란하고 계획과 맞아 들어가더라도 수업의 본질은 그 겉모습에 있지 않고 아이들의 인식 안에 있다고 믿기 때문입니다. 수업에서 중요한 것은 겉으로 드러나는 결과에만 있는 것이 아니라 아이들의 내면과의 관계라고 믿기 때문입니다.

그런 측면에서 볼 때 수업은 종잡을 수 없는 생명체와도 같습니다. 수업의 모습을 겉으로만 보고 쉽게 판단하기는 매우 어렵습니다. 어디로 아이의 인식이 흐르는지 고민해야 하며, 아이마다 서로 다른 흐름을 알아봐야 하며, 그것들이 서로 합쳐져서 어떤 의미를 가지는지도 알아봐야 합니다. 교사는 이 생명체 안을 함께 떠다니는 동행자입니다. 절대로 딱딱해질 수 없는 유연한 생명체와도 같습니다.

수업은 여러 측면에서
다양한 의미를 드러낼 수 있습니다

앞에서 말했듯이 수업은 생명체와도 같기 때문에 그것을 온전히 이해하는 것은 불가능에 가깝습니다. 그래서 있는 그대로 실체를 드러내려고 애쓰는 것은 의미가 없습니다. 생명체라는 것은 서로의 관계 안에서 존재하기 때문입니다. 어떤 관계로 만나느냐에 따라 서로 다른 모습을 보이고 다른 의미를 가집니다. 수업도 마찬가지입니다. 한 수업이 한두 가지 측면에서만 의미를 가질 수는 없습니다. 보는 사람에 따라 수만 가지의 의미로 다가갈 수 있으며 여러 측면에서 다양한 의미를 드러낼 수 있습니다.

문제는 우리가 어느 측면의 어떤 의미에 주목하느냐에 있습니다. 지식의 습득, 정서의 변화, 신체의 성숙, 학습 능력, 대화 능력, 운동

기능, 공동체 생활 등등… 우리에게 가치 있는 것은 한둘이 아니고 다양하게 표현될 수도 있습니다. 수업에는 이런 많은 의미들이 동시에 여러 개가 드러나기도 할 것이고 특정 한두 개의 의미가 부각되기도 할 것입니다. 다시 말하지만 우리는 어느 측면의 어떤 의미에 주목할 것이냐가 문제입니다.

간혹 수업 컨설팅이나 협의회에서 권위자는 자기가 바라본 의미가 전부인양, 또는 매우 중요한 측면인 양 이야기하고 그것을 관철시키려고 합니다. 수업자는 이미 아이들과 수 개월을 같이 생활한 터여서 그것이 쉽게 받아들이기 힘든 경우가 많은데도 말입니다. 결국 수업자에게 관행적으로 지나가는 의미 없는 수업 협의가 되는 경우가 많은데, 이는 수업에는 다양한 의미가 있음을 이해하고 수업자가 수업에서 어떤 의미에 주목하는지를 함께 하지 못해 생기는 경우라 하겠습니다.

주관성의 한계와 대안 3

객관화 vs 명료화

수업 바꾸기 vs 수업 가꾸기

우리는 앞에서 수업의 성격을 세 가지 측면에서 살펴보았습니다. 이 세 성격 중에서 특히 논란이 된다면 아마도 주관성 때문일 것입니다. 우리 모두가 경계하는 지점이기도 하니 더욱 그러합니다. 어쨌거나 수업의 성격들은 우리가 의도하든지 의도하지 않든지 필연적으로 있는 것들입니다. 본성이라고나 할까요?[10)]

---

10) 교과나 교육 과정을 두고 다소 엉뚱한 곳에서 수업의 본성을 거론하니 당황스럽게 받아들일 분도 있겠습니다. 다시 말해 수업의 본질을 '교과나 교육 과정의 실행'이라는 측면에서 본다면 다른 부분들을 부수적으로 따라 나오거나 극복해야 할 부분인데, 반대로 교과를 중심에 두지 않는다면 도대체 이 교과는 무엇이란 말인가? 라는 질문을 가질테지요. 이에 관한 내용은 우리 모두가 별도의 논의를 더 거칠 필요가 있겠습니다. 다만 삶프로젝트에서는 삶의 이해 과정을 중심으로 두고 있음을 다시 한 번 밝혀 둡니다.

객관화 VS 명료화

그래서 자연스레 수업 상황에서 수업자의 주관성에 따른 한계가 드러나게 되는데 지금까지는 이러한 한계를 수업의 객관화로 극복하려고 했습니다. 즉 수업을 특정 패턴에 따라 매뉴얼화하려고 했던 것입니다. 그 속에서 교사는 수업 내용의 전달자 역할을 하게 했습니다.

수업의 원래적 성격 때문에 당연하게 따라오는 한계 또한 공존하고 있고 이 한계는 지금껏 수업을 새롭게 가꾸어 가는 데 큰 장애물이 되어 왔다는 것을 부정할 수는 없습니다. 그래서 오래전부터 교육 현장에서는 수업이 가지는 이러한 한계를 극복하기 위해 다양한 장치들을 만들어 왔습니다. 수업이 수업자에 따라 좌지우지되지 않고 객관화의 과정이 되기를 기대하면서 말이죠. 국가 수준 교육 과정이 대표적이고, 시도교육청 지침이 그러하며, 가르쳐야 할 내용을 교과로 분류해서 이수 시간을 정해 놓은 것도 그것이며, 교과서를 국가가 인쇄해서 배포해 주는 친절함이 사실은 그것 때문입니다. 공개 수업과 수업 장학도 그 과정에서 큰 몫을 담당하고 있으며 수업 지도안이나 수업 코칭도 다르지 않은 역할을 하고 있습니다.

그런데 아무리 수업을 객관화하려 하여도 앞에서 살펴본 수업의 본래적 성격은 어찌할 도리가 없습니다. 그것을 서로가 알기에 더욱 강력한 객관화 과정을 마련하기 위해 수업 장학이나 공개 수업, 지도안 표준화 등을 시도했었습니다. 그럴수록 수업의 실재적 의미는 더 깊은 곳으로 숨을 수밖에 없었고 겉으로 드러나는 여러 현상적인 문제만으로 수업의 의미를 수박 겉핥기 식으로 다룰 수밖에 없었을 것입니다. 그러니 그러한 기존의 수업 대화가 수업자들에게는 그렇게 의미 있게 와닿지 않았던 것입니다. 참 아이러니하게도 수업의 본래적 성격을 극복하고자 하는 이런 노력들은 오히려 다수의 교사들에게 의례적인 잔소리꾼 역할 이상의 의미를 가지기는 어려웠습니다. 본래적 성격을 부정하면서 오는 당연한 결과이지만 말입니다. 결국 일상의 수업은 수업자와 학습자의 고유한 몫으로 남아 있는 은밀한(?) 성역과도 같은 곳이 되었습니다. 물론 그 안에는 좀 더 나은 수업을 위한 수업자와 학습자의 개별적인 노력들이 많이 숨어 있기는 하지만 말입니다.

결국 지금까지는 수업의 주관성을 보완하기 위한 노력이 많은 경우 정부 기관의 시스템에 의해 주도되거나 수업 당사자의 개별적인 노력에 의지하고 있었다는 결론에 이르게 됩니다. 하지만 이 둘 어느 것도 마땅한 만족스러운 결과를 가져다 주지는 못했습니다. 그 결과 수업 상황에서 교사와 아이들의 갈등은 날로 깊어지고 있으며 많은 아이들이 수업을 의미 있는 자기 성장의 기회라고 여기지는 않고 있는 것입니다.

교사들에게는 불편한 이야기이지만 수업의 객관화 과정에서 자기의 주관적 세계를 존중받지 못하게 되어 자연스레 폐쇄적으로 되고 결국은 공동체적 관점에서 수업을 새롭게 가꾸어가는 데 장애물이 되기도 했습니다. 이는 수업자가 아무리 공학적인 차원에서 수업을 잘 설계하고 실행한다하더라도 피할 수가 없는 사실입니다.

삶프로젝트에서는 이제 수업을 새롭게 이해하려고 합니다. 그 핵심적인 과정을 '학습 공동체 안에서 수업의 주관적 세계를 이해하기'에서 찾아보았습니다. 수업을 새롭게 가꾸어 간다는 것은 학교 공동체 안에서 수업의 맥락을 찾아가는 길인데 의미 생성의 주관성을 다른 시각에서 바라보고자 하는 것입니다. 삶프로젝트에서는 수업의 실재적 의미가 숨어 버리는 폐쇄성이 수업의 성격을 제대로 이해하지 않아서 파생되는 문제라고 봅니다. 서로를 이해하지 않으니 당연히 움츠려드는 것입니다. 우리는 수업의 주관성을 객관화를 통해 극복하거나 배제해야 할 성질로 보지 않습니다. 그래서 더 좋은 수업에 대한 지도나 수업 기술에 대한 코칭을 하기보다는 오히려 해당 수업을 있는 그대로 드러내기를 원하며 오히려 주관적 세계를 명료하게 하기를 원합니다. 현재 수업이 교사와 아이에게 어떤 의미가 있는지를 읽어 내고자 합니다. 왜냐하면 그 안에는 해당 수업 공동체의 현재 의미와 앞으로 가야 할 길이 고스란히 녹아 있기 때문입니다.

문제는 주관적인 세계를 어떻게 드러내느냐에 있습니다. 이것은 정말 쉽지 않은 일이며 조심스럽기까지 합니다. 나와는 다른 사람의 세계에 들어가는 일이기 때문입니다. 타인의 세계에 들어가기 위해서는 평가나 판단이 필요한 것이 아니라 '이해'가 필요합니다. 다른 사람의 세계에 대해 쉽사리 이러쿵저러쿵 입을 떼면 상대방은 자기 세계로 들어오는 문을 닫아 버릴 수도 있습니다. 사실 이런 경우는 우리 주변에서 어렵지 않게 볼 수 있습니다. 결국 서로 벽만 두터워진 채로 남아 있기도 합니다.

우리는 주관의 세계를 드러내기 위해서 공동체적 대화 과정을 통해 접근하고자 합니다. 다시 말해 우리는 수업을 개인적인 선입견으로 판단하거나 평가하지 않고 공동체적 관점에서 이해하려고 합니다. 이 과정에서는 많은 서로 다른 세상들이 만나게 되고 대화들이 오가게 됩니다. 그래서 조심스러워야 한다는 것입니다. 어떻게 하면 상대의 세계에 발을 들여놓을 수 있을까요? 우리는 이해의 문을 열기 위해 질문이라는 열쇠를 사용합니다. 삶프로젝트 수업 대화에서 질문은 핵심적인 역할을 한다고 할 수 있습니다. 우리는 수업을 이해하기 위해 질문을 던지며 상대방의 인식과 같은 맥락에 내가 자리 잡을 수 있도록 하며 비로소 여러 가지 것들을 함께 볼 수 있기를 원합니다. 이런 작업을 수업의 명료화라고 이야기하며 수업을 바라보는 이유입니다.

수업 바꾸기 VS 수업 가꾸기

앞 장에서 언급했듯이 국가와 교사들은 그간 수업을 바꾸기 위해 많은 노력들을 기울여 왔습니다. 교육청과 학교 단위에서는 공개 수업이 끝난 후 수업 지도나 장학을 정기적으로 실시하였습니다. 하지만 그것들은 수업을 하는 교사의 입장에서는 의례적인 절차로 많이 여겨졌고 치러야 할 행사로 여겨지기도 했습니다. 솔직히 수업자에게는 별 의미 없는 일상적인 뻔한 코칭이나 잔소리가 전달되는 요식 행위에 불과했습니다. 그것을 서로가 알면서도 이 수업 장학은 수업을 바꾸기 위해 계속 되어 왔습니다. 왜냐하면 그간 많은 사람들에게 있어 수업의 관심은 목표의 도달 정도나 수업의 참여 과정을 확인하는 부분에 머물렀기 때문입니다. 수업의 내면에 흐르는 여러 인식들은 목표의 도달이나 참여 과정을 독려하기 위한 수단에 불과했습니다. 결과적으로 기존 수업 대화에는 모범 답안이 이미 준비되어 있습니다. 그리고 수업자는 그 모범 답안을 받아들이면 되는 것입니다. 하지만 아이러니 하게도 기존의 이런 수업 대화가 수업을 바꾸는데는 한계가 있음을 사실 우리 모두는 알고 있었습니다.

삶프로젝트 수업 대화에서는 수업의 주체인 교사나 아이들을 틀에 맞추어 변화시킴으로써 수업을 바꾸고자 하는 것이 아닙니다. 어떻게 십수 년, 수십 년간의 삶으로 다져진 사람을 쉽게 바꿀 수 있단 말입니까? 다만 서로 다른 사람이 어울려 살아가는 학습 공동체 속에서 서로의 의미를 다시 조명하고 가꾸어 가기를 바라는 것입니다. 그래서 수업을 바꾸는 것이 아니라 학교 공동체의 수업 대화 과정 안에서 수업을 가꾸어 가려 합니다. 그 안에서 교사와 아이가 서로 변화하고 그것을 알아채서 기뻐하는 것, 이것이 성장 아닐까요?

새로운 수업을 위한 실천적 노력

4

수업자의 자기 이해

수업 기록

수업 기록 함께 읽기

맥락에 따른 의미 찾아내기

이어질 활동 계획 세우기

우리는 지난 몇 년간 실제로 해 왔던 우리들의 수업에 대해서 대화를 나누며 위와 같이 수업에는 관계성, 주관성, 맥락성의 세 성격이 있음을 정리했습니다. 그리고 그 성격으로 인해 수업의 의미를 구성하는 데는 한계가 있음과 대안을 마련해야 함도 살폈습니다. 하지만 우리 나름대로 수업의 성격과 한계를 정리해내기가 쉽지 않았습니다. 공교육이라는 틀 안에서 현장 교사들을 중심으로 '주관성'을 전제로 수업을 가꾸어 온 실천적 사례가 많지도 않을 뿐더러 그런 사례가 인정을 받기도 쉽지 않기 때문입니다. 교사들은 현장에서 교과와 단원을 중심으로 한 학력을 올리는 일이 중요함을 강요받았고, 기초 학력에 부진이 발생하지 않도록 해야 했으며, 입시에서 좋은 결과를 내도록 애를 써야 했습니다. 그런 상황 속에서 앞에서 밝힌 수업의 세 성격을 이야기하는 것은 어려웠습니다. 반대로 객관적으로 확인할 수 있는 학력을 높여야 하는 책임을 받아들여야 했습니다.

수업의 원래 성격은 그렇지 않은데 자꾸 객관적인 결과만을 위한 수업을 하다 보니 그 안에서는 충돌이 생길 수밖에 없었습니다. 교사는 아이들에게 온갖 방법을 동원하여 교과의 세계 안으로 끌어들이려 했고, 아이들은 그러한 수업에 흥미를 느끼지 못한 채 '정말 이 수업 꼭 들어야 돼?'라는 의구심을 품고 수업에서 벗어나려 했으며, 학부모는 그러한 갈등이 해소되지 않는 공교육을 떠나 사교육에 의존하려 했습니다. 교사, 아이들, 학부모 서로 간에 불신이 커질대로 커져왔고 우리의 수업은 큰 어려움을 겪었습니다.

우리는 수업에 대한 새로운 접근이 필요함을 절실히 느끼게 되었고 수업의 원래적 성격을 그대로 받아들이고 그 안에서 새로운 대안을 만들어 가려 노력해 왔습니다. 그리고 그런 과정을 통해 '새로운 수업'을 가꾸고자 했습니다. 교과 안에서 딱딱하게 굳어 버린 기존의 수업을 바꾸어 나가기를 바랐습니다.

그 과정에서 '과연 어떤 실천적 노력(절차)이 그것을 가능하게 할 수 있을까?'라는 질문을 가지게 되었습니다.[11] 어떻게 하면 관계성 속에서 주관적 이야기를 만들어 가는 살아 있는 수업을 만들어 갈 수 있을것인가? 하는 문제입니다. 우리는 그 해결 방법으로 수업 기록 ⇨ 학습 공동체의 질문과 대화 ⇨ 수업의 의미를 구성 ⇨ 이해를 통한 수업 맥락 구성하기 ⇨ 수업으로 순환되는 과정이 필요함을 공유하게 되었고 그 구체적인 절차를 마련하였습니다.[12] 이 과정은 2018년 한

해 동안 포항에 근무하시는 오설란 선생님의 수업 기록을 바탕으로 진행한 적이 있으며 이번 장의 주된 내용이 됩니다.

지금까지 삶프로젝트 수업에 대해 구구절절 이야기를 했지만 여전히 애매모호한 이야기들의 연속이었습니다. 실제로 삶프로젝트 수업을 어떻게 할 수 있는지가 분명하게 그려지지 않아서 더욱 그럴 것입니다. 구체적인 방법과 절차에 대해 하나하나 살펴보아야 이런 애매모호함을 조금이나마 떨칠 수 있겠습니다.

먼저 이번 5장의 제목에 대해 좀 더 이야기하겠습니다. 이 장의 제목은 삶프로젝트 수업 설계 예시가 아니라 삶프로젝트 수업 구성 예시입니다. 앞서도 이야기되었지만 이 책에서는 프로젝트 수업을 설계하고 그 설계대로 진행되어 가는 사례나 매뉴얼을 제공하지는 않습니다. 반대로 학습 공동체에서 대화를 하는 과정에서 함께 수업을 만

---

11) 우리나라에는 꽤 오래전부터 새로운 수업을 위한 대안적 절차들이 소개되어 왔습니다. 배움의 공동체, 거꾸로 수업, 포괄적 문제 해결법, 아이 눈으로 수업 보기, 발도로프 교육, 스몰 스쿨 등 많은 노력들이 이러한 것들입니다. 각 방법들은 독특한 특징을 가지고 있으며 그 독특한 절차에는 그 이유가 있을 것입니다. 수업과 교사, 아이를 바라보는 독특한 철학이 그것입니다. 우리는 그것들을 다 알고 있지 못합니다. 그래서 앞의 방법들에 대해 말을 할 수는 없습니다. 다만 시간이 걸리더라도 우리의 고민과 현재의 상황을 바탕으로 우리가 의미 있다고 생각한 것들과 그 속에서 할 수 있는 일들을 찾아내면서 '어떤 절차가 우리의 수업을 새롭게 바꿀 수 있을까?'라는 질문에 우리들의 답을 찾아내고자 노력을 해왔습니다. 한 번 밝혀 둡니다.

12) 앞 장에서도 밝혔듯이 서근원 교수님의 '아이 눈으로 수업 보기'에서 큰 도움을 받았습니다.

들어 가고 구성해 가는 노력들을 보여 주고자 합니다. 꿈틀꿈틀 살아 있는 수업, 그 과정을 중요하게 다룹니다. 그래서 수업 설계라 하지 않고 수업 구성이라 했습니다.

때문에 이 글을 읽는 분은 하나의 모임에서 일상적으로 일어나는 대화 과정을 만나게 될 것이며, 굉장히 지루하게 느낄 수 있겠습니다. 일목요연하게 정리된 수업의 팁이라고는 찾아보기 힘들어 답답하게 느낄 수도 있겠습니다. 그렇기에 참 정리되지 않은, 친절하지 못한 글이라 생각할 수도 있겠습니다. 그렇더라도 이해를 통한 수업 실천을 위해 우리가 나름대로 마련해 놓은 수업 대화의 작은 장치들을 찾아보고 공감해 주신다면 나름 이 글이 성공하였다라고 여길 수 있겠습니다.

2018년에 우리 모임에서는 포항에 근무하시는 오설란 선생님(이하 오 선생님)의 수업을 가지고 1년 동안 수업 대화를 나누었습니다. 그때 나누었던 수업 대화 과정을 예시로 소개하면서 앞에서 살펴보았던 삶프로젝트 수업의 모습을 하나하나 그려 보겠습니다. 이 수업 대화 과정은 말 그대로 예시입니다. 이 예시를 모든 학교, 모든 수업, 모든 상황에 그대로 적용하기에는 무리가 있을 것입니다. 앞에서도 이야기했듯이 수업 자체가 상황에 따라 구성되는 주관성과 맥락성, 관계성을 가지기에 관련된 대화 또한 이를 반영할 수 있어야 하며 예시적인 성격을 가지는 것은 당연한 것입니다. 따라서 삶프로젝트 수업의 보편적인 매뉴얼이 될 수는 없다는 것을 전제로 하며 당시의 수업 대화 과정을 소개합니다.

<오 선생님의 삶프로젝트 수업 대화 과정>

가. 수업자의 자기 이해

- 수업을 시작하기 전에 수업자가 자기의 상황이나 관점 등을 정리하는 과정
- 아동관, 교과관, 수업관, 지역 사회에 대한 이해 등이 드러남

나. 수업자에 의한 수업 기록

- 한 차시 또는 한 단위의 수업을 한 후, 수업자가 자기 수업을 되돌아보면서 기록하는 일

다. 수업 기록 함께 읽기

- 수업자가 수업 대화를 함께하는 학습 공동체에 자기 수업 기록을 제출하고 거기에 참여한 교사들이 기록을 함께 읽어 내는 과정
- '질문하기'와 '맥락에 따른 의미 찾아내기'로 나누어 대화를 진행함

따로 더 살펴보기

수업 기록을 함께 읽고 의미를 찾아내기 위해서는 따로 세 가지를 좀 더 살펴볼 필요가 있습니다. 기록을 읽고 의미를 해석하는 것에는 방향키가 필요하기 때문입니다.

따로1 공동체의 맥락과 개별적 맥락의 이해
따로2 해석의 틀 살펴보기 - 발달과 성장에 대한 이해
따로3 산출물 읽어 내기

라. 이어질 활동 계획 세우기

- 이해와 실천의 연결

우리가 위의 대화 과정으로 오 선생님의 모든 수업을 다 살펴본 것은 아닙니다. 1년이라는 제한된 시간과 월 1회의 간헐적 모임으로는 하려야 할 수 없는 일이기도 합니다. 다만 오 선생님의 요청에 따라

(1) 국어과를 중심으로
(2) 아이들과 『심청가』, 『비단치마』, 『마법의 설탕 두 조각』이라는 이야기책 3권을 읽고 대화를 나누면서
(3) 가족에 대한 의미를 알아 가기

과정을 집중적으로 살펴보았습니다. 앞에서도 밝혔듯이 하나의 사례이지만 그 과정을 찬찬히 깊게 살펴본다면 우리가 바라보는 수업에 대해서 독자들에게 어느 정도 전달할 수 있으리라 믿습니다.

수업자의 자기 이해

앞서 우리는 수업은 교사와 아이들의 주관적인 인식이 만난 결과물이라고 밝혔습니다. 물론 수업의 중간에는 교과나 활동, 주제라는 매개물이 들어 있습니다. 우리는 매개물이 아니라 서로를 바라보는 주관적인 인식을 중요하게 생각하고 있는데 이는 교사와 아이가 수업에 참여하는 정도나 활동을 하는 이유, 수업의 의미가 되기도 합니다.

그런데 교사는 스스로 자기의 이야기를 선명하게 드러내지 않고 아이들을 만나는 경우가 많습니다. 지금 자기의 물리적, 심리적 상황이 어떠한지, 교과에 대해서는 어떤 고민이 있는지, 아이들은 어떻게 바라보고 있는지, 평소 수업을 하면서 가졌던 문제 인식은 어떤 것인지, 학교 문화나 학교 교육 과정에 대해서는 어떻게 생각하고 있는지 등 스스로를 이해하지 못한 채 교과와 교과서에 수업 방향을 의존하는 경우가 많습니다. 이에 수업의 첫 단추를 수업자의 인식 드러내기로 제안합니다. 이것은 다른 사람들을 위한 것이 아니라 교사 스스로를 위한 활동이며 그 교사를 바라보고 함께 살아가는 아이들을 위한 일이기도 합니다.

여기서 드러내야 할 부분은 교사가 가지고 있는 수업 또는 교과에 대한 도달해야 할 목표를 의미하는 것이 아닙니다. 책임감을 가지고 이후에 아이들과 함께 해결해야 할 과제도 아닙니다. 여기서 드러내야 할 것은 교사라는 '사람'이 아이들과 동료 교사, 학부모라는 '타인'을 만나면서 가지게 된 자기의 누적된 삶에 관한 이야기입니다.

이야기가 어느 방향으로 어떻게 드러날지, 다른 사람들에 의해 어떻게 읽혀질지는 알 수가 없습니다. 그것을 두고 미리 고민할 필요도 없습니다. 그냥 연필이 가는대로 써 내려가면 됩니다. 이후 수업 대화 과정에서 자연스레 순환 과정으로 자기 스스로 정리가 될 테니말입니다. 다만 지금 생각하고 있는 나와 아이들, 교과(또는 활동), 수업에 관한 이야기는 꼭 적으면 좋겠습니다. 이 세 가지는 교사의 주관으로 곧 수업에 반영될 것입니다. 현장에서 여러 선생님들께서 쓰게 되신다면 가능한 3월 개학 전에 쓰는 것이 좋겠습니다.

당시에 오설란 선생님께서 기록하신 내용은 아래와 같습니다.

[4·5학년 1학기 국어 수업 - 오설란]

1. 만나기 전

고민 하나. 복식 학급

4·5학년 복식을 맡았다. 4·5년 아이들과 살아갈 모습이 기대가 되는 한편 걱정도 크다. 학급과 전담이 줄면서 한 교사가 해야 할 업무가 늘어났고, 복식을 처음해서 교육 과정을 어떻게 구성할지 막막했다. 복식 학급이 힘들다고만 들었지 복식 수업에 대해선 아는 게 없었다. 답답한 마음에 복식 경험이 있는 선생님들에게 물어봤다.

- 10분씩 또는 20분씩 번갈아 가며 가르쳐요. 정신이 없어요. 그러다 보면 한 학년에 집중을 하게 되고 상대적으로 한 학년은 소홀이 하게 돼요. 작은 학교라 교무 부장에 복식 학급 담임이었어요. 재구성해서 수업하는 건 생각도 못 했죠.
- 교과 성격에 따라 예체능은 같이 수업을 하고 국.수.사.과는 개인별로 과제를 해결하죠. 개인과외나 다름없어요. 학년군이 다른데 통합해서 수업하는 게 가능해요?

한 학년 수업도 양이 많아 시수에 맞춰 해 나가는 게 벅찬데 1시간에 두 학년 수업을 다 할 수 있을까. 게다가 작년까진 전담 교사가 복식 학급 한 학년의 국어 또는 수학 수업을 맡아 해 주었다. 올해는 전담 티오가 줄어서 그것도 안 된다. 한 시간 수업을 10분 또는 20분씩 나눠서 할까. 그 방법은 나에게 맞지 않았다. 해야 할 게 많아 내가 너무 정신이 없을 것이고 또, 흐름이 자꾸 끊겨서 아이들과 같이 수업을 만들어 가는 것도 힘들 것 같았다. 학년군이 다르면 통합 수업이 불가능할까. 한번 시도해 보고 싶었다.

고민 둘. 관계

이 아이들은 학년에서 학생 수가 늘 6명 밑이라 매년 복식 학급이었다. 적은 인원이라 더욱 섬세하게 서로를 이해하고 맞춰 나가는 부분이 중요하다. 그런데도 관계 경험이 적어서인지 잘못된 방향으로 분노를 표출하거나, 자기 감정을 숨기거나, 상대방의 마음을 읽지 못해 갈등의 골이 깊어진 부분이 많다. 한 아이의 감정이 수업에 많은 영향을 끼치기 때문에 아이들의 마음, 관계가 걱정된다.

2. 첫 만남

아이들은 늘 복식을 했던지라 어떤 학년과 같은 반이 될지, 선생님은 누군지, 새 학년에 어떤 공부를 할지 기대를 했고, 싸우게 될까 봐 걱정이 된다고 했다. 아이들은 첫 만남인데도 자기 이야기를 잘 했다.

- 싸울까 봐 가장 걱정이에요. 선생님이 계속 교실을 지키고 있었으면 좋겠어요.
- 저도 친구들이랑 잘 지내고 싶어서 노력을 하는데 잘 안 돼요.
- 때리면 저도 가만히 안 있을 거예요.

해묵은 감정들이 서로에게 남아 있는 것을 확인했다. 해결되지 않고 계속해서 되풀이되는 갈등을 걱정하는 듯했다. 관계에 대해 부정적인 말, 관심이 없다는 표현이 나왔고 그런데도 잘 지내고 싶다는 말을 했다.
쉬는 시간, 점심시간에 노는 모습을 지켜봤다. 여자 아이들은 모여서 수다를 떨거나 놀이를 했는데 남자 아이들은 각각 떨어져 혼자 있거나 여자 아이 주위를 배회했다. 다 같이 놀아 본 경험이 없는 것 같았다. 그러다 점차 남자 아이들이 모두 놀이에 참여했다. 처음이라 규칙이 합의되지 않아 자꾸 멈칫거렸지만 같이 노는 모습에 뭔가 가능성을 본 것 같았다.

3. 우리 반 1년 과제

내가 생각하는 교육이란?

내가 생각하는 교육은 '나로 살고 함께 사는 것'이다. 그러기 위해서는 나와 너와 세상과 만나야 한다. 직접 겪으면서 이해의 폭을 넓혀야 한다. 이 과정이 성장이고 삶이다. 교사는 아이와 세상을 연결 짓는 사람이고, 지식은 하나의 정신이 다른 정신과 만나는 도구다. 모르는 것, 다른 것, 대립하는 것, 모순된 것을 만나고 소통, 협력으로 만난다. 우리 반 아이들이 무엇과 만났으면 하는가? 월별로 주제가 있었으면 좋겠다. 3월에는 새 학기가 시작되니까 학교, 4월에는 봄이 한창이니 생명, 5월에는 가족, 6월에는 인권을 주제로 해 보는 건 어떨까. 주제에 맞게 도덕, 실과, 사회 성취 기준을 가져 와 통합하기로 했다.

3월에는 학교를 주제로 아이들이 내 감정, 친구, 선생님과 만났으면 한다. 이들을 제대로 만날 수 있는 모르는 것, 다른 것, 대립하는 것, 모순된 것이 담긴 책을 찾아보자. 온 작품을 읽으면서 내용을 파악하고, 관점을 서로 나누고, 자신의 삶을 돌아보고, 글로 쓸 것이다. 어떤 수업일지 구체적으로 상상해 보자.

과제 하나. 관계 맺기

누적된 갈등 관계와 억눌린 감정들을 발견했을 때 대화의 필요성을 느꼈다. 문제 상황이 벌어졌을 때 소통을 하며 해결점을 찾아갈 수 있는 힘을 길러야겠다. 그리고 창의적 체험 활동과 쉬는 시간을 활용하여 놀이 시간을 많이 마련해야겠다.

과제 둘. 기초·기본 학습 다지기

아이들은 해독과 독해, 말하기, 글쓰기 능력이 기초적인 단계였다. 반면 학습지나 문제집을 푸는 것은 능숙했다. 아이들은 시험 점수를 올리기 위해 공부한다고 했다. 지필 평가가 아이들에게 정말 필요한 역량으로 이어지지 않았다. 실제로 읽고, 말하고, 쓰는 경험이 많이 필요했다.

그래서 4·5학년 국어 수업은

여러 조언을 듣고 고민을 한 결과, 읽기·토론·글쓰기로 성취 기준을 묶어 4·5학년을 통합해서 수업을 해 보고 싶었다. 그래서 차시별로 활동이 잘게 쪼개진 교과서가 아닌 문학 작품을 가지고 왔다. 문학 작품을 같이 읽고, 관련된 토론을 하고, 글을 쓰고 나누는 수업 흐름을 만들고 싶었다. 한 주제에 대해 깊이 있게 생각하고 표현하는 수업, 여유와 융통성 있는 수업이 그려졌다. 아이들과 이야기 나누고 싶은 주제를 한 달 기준으로 정했고, 관련 작품은 추천 도서 목록, 아이들 수준을 고려해서 선택했다.

4. 국어과 성취 기준 분석

4학년과 5학년은 학년군이 달라 성취 기준도 달랐다. 성취 기준이 참 많았다. 비슷한 것끼리 크게 존중하기, 함께 읽기, 나로 살고 함께 사는 말하기·쓰기, 문학 즐기기로 묶어 봤다.

가. 존중하기

습관, 태도에 대한 부분이기 때문에 실생활에서 함께 지키려고 노력했다. 실제로 일어난 문제 장면을 그 자리에서 가지고 와서 같이 이야기를 나누었다. 수업 시간에 나누는 모든 대화에서 서로 존댓말을 쓰고 적극적으로 반응하는 것은 계속 연습했다.

성취 기준		1학기 주요 활동
4	적절한 표정, 몸짓, 말투로 말한다. 예의를 지키며 듣고 말하는 태도를 지닌다. 회의에서 의견을 적극적으로 교환한다. 한글을 소중히 여기는 태도를 지닌다.	• 존중하며 말하기
5	자신의 말이 상대에게 미칠 영향이나 결과를 예상하여 신중하게 말한다. 매체를 통한 소통의 특성을 알고, 매체 언어 예절에 맞게 대화한다. 다양한 매체에서 조사한 내용을 바탕으로 쓰기 윤리를 지키며 글을 쓴다.	

나. 함께 읽기

아이들은 읽기 경험이 별로 없었다. 읽고 싶은 책을 고르라고 했는데 그림책을 골라 왔다. 해독과 독해를 집중적으로 경험하기 위해 문학 작품을 같이 읽는 것부터 시작했다. 주제와 관련된 그림책, 동화책을 같이 읽으면서 상상, 추론을 했다. 책을 다 읽으면 소감을 나눈 뒤 인물, 사건, 배경을 중심으로 파악했다. 내용을 알아야 깊이 있는 토론이 가능하기 때문에 전체 내용을 요약하는 연습을 계속했다.

<table>
<tr><th colspan="2">성취 기준</th><th>1학기 주요 활동</th></tr>
<tr><td>4</td><td>글의 유형을 고려하여 대강의 내용을 간추린다. 내용을 요약하며 듣는다.
이야기의 흐름을 파악하여 이어질 내용을 상상하고 표현한다.
글을 읽고 사실과 의견을 구별한다. 낱말을 분류하고 국어사전에서 찾는다.
글에서 낱말의 의미나 생략된 내용을 짐작한다. 낱말과 낱말의 의미 관계를 파악한다.</td><td rowspan="2">• 이어질 내용 상상하기
• 내용 추론하며 읽기
• 인물, 사건, 배경 파악하기
• 내용 요약하기
• 낱말 의미 파악하기</td></tr>
<tr><td>5</td><td>문맥을 고려하여 낱말의 의미를 파악하며 글을 읽는다.
글의 짜임에 따라 글 전체의 내용을 요약한다.
내용을 추론하며 글을 읽는다.
낱말이 상황에 따라 다양하게 해석됨을 이해하고 효과적으로 표현할 수 있다.
작품 속 인물, 사건, 배경의 관계를 파악한다.</td></tr>
</table>

다. 나로 살고 함께 사는 말하기·쓰기

글을 읽으면서 특정 장면에 멈춰서 자신의 생각을 말할 수도 있고, 생각에 대한 질문을 서로 주고받을 수도 있다. 다양한 관점으로 작품을 해석하는 시간을 갖는다. 그러면서 이 작품이 나에게 어떤 의미가 있는지, 내 삶과 어떻게 이어질 수 있는지, 더 나은 공동체를 위해 우리가 무엇을 해야 하는지 찾고 생각을 다듬어 글로 썼다.

성취 기준		1학기 주요 활동
4	읽기 경험과 느낌을 다른 사람과 나누는 태도를 지닌다. 작품을 듣거나 읽거나 보고 떠오른 느낌과 생각을 다양하게 표현한다.	• 의견에 대해 질문 주고받기 • 다른 사람의 관점 이해하기 • 다른 이의 생각과 행동을 나와 견주어 이해하고 평가하기
5	설득하거나 주장하는 말의 타당성을 판단하며 듣는다. 토의를 통하여 일상생활의 문제를 해결하는 태도를 지닌다. 토론의 절차와 방법을 알고 적극적으로 참여한다. 작품에서 말하고 있는 사람의 관점을 이해한다. 작품 속 인물의 생각과 행동을 나와 견주어 이해하고 평가한다.	
4	읽는 이를 고려하며 자신의 마음을 표현하는 글을 쓴다. 관심 있는 주제에 대해 자신의 의견이 드러나게 글을 쓴다. 쓰기에 자신감을 갖고 자신의 글을 적극적으로 나누는 태도를 지닌다. 기본적인 문장의 짜임을 이해하고 사용한다.	
5	쓰기의 과정을 이해하고 과정에 따라 글을 쓴다. 적절한 설명 방법을 사용하여 대상의 특징이 드러나게 글을 쓴다. 적절한 이유나 근거를 들어 주장하는 글을 쓴다. 견문과 감상이 잘 드러나게 글을 쓴다. 발음과 표기, 띄어쓰기가 혼동되는 낱말을 올바르게 익힌다. 절을 연결하는 다양한 방식을 알고 표현 의도에 맞게 문장을 구성한다. 국어의 기본적인 문장 성분을 이해하고 성분 사이의 호응 관계가 올바른 문장을 구성한다.	• 과정에 따라 글쓰기 • 낱말 올바르게 쓰기 • 문장 올바르게 쓰기 • 글 나누기 • 주장하는 글쓰기

라. 문학 즐기기

아이들은 책 읽는 것을 좋아하지 않았다. 책 읽은 경험이 없어 재미를 모르는 것이라 생각해서 우선 책을 읽어 보자 했다. 자신이 고른 책 1권을 읽고 다음 날 국어 시간에 짝에게 책 내용을 소개하게 했다. 소개한 다음 책과 관련해서 질문을 주고받게 했다. 이 활동은 매일 10분 정도 꾸준히 하게 했다. 방과 후 일주일에 한 시간 정도 도서관에서 같이 책을 읽었다.

성취 기준		1학기 주요 활동
4	재미나 감동을 느끼며 작품을 즐겨 감상하는 태도를 지닌다.	• 책 읽고 소개하기 • 책에 대해 질문 주고받기
5	여러 가지 독서 방법이 있음을 알고 이를 적용한다. 다양한 읽을거리를 스스로 찾아 읽고, 자신의 독서 습관을 점검한다. 자신이 좋아하는 문학 작품을 들고 그 이유를 말한다. 자신의 성장과 삶에 영향을 미치는 작품을 즐겨 읽는 태도를 지닌다.	

5. 통합한 교육 과정

도덕과 교육 과정

'도덕적 가치를 단일 교과에서 가르치는 게 맞는가?'란 의문을 가졌다. 모든 교과에서, 더 나아가 아이들의 총체적인 삶 속에서 도덕적 가치를 찾고 이야기 나눠야 한다고 생각한다. '감정, 책임, 존중, 아름다움'은 나로 살기 위해서도, 함께 살기 위해서도 정말 중요한 가치다.

그래서 도덕 시간을 넘어, 모든 교과를 넘어, 각자의 삶에서, 우리들의 삶에서, 문학 작품 속에서 이야기를 나누고자 한다. 특히 국어 교과에서는 '존중하기, 함께 읽기, 나로 살고 함께 사는 말하기·글쓰기, 문학 즐기기' 전 영역에서 주제와 만날 때 우리가 추구하는 가치가 무엇인지 끊임없이 돌아보고 표현할 것이다.

영역	성취 기준	통합
감정	다양한 감정이 발생하는 원인을 알고, 자신의 감정 표현의 결과를 합리적으로 예측하여, 때와 장소 및 상대에 맞는 바람직한 감정 표현 방식과 다양한 감정을 바르게 다루는 방법을 배운다. 이를 위해 자신의 감정을 잘 다스린 사람들의 모범 사례들을 찾아보고 감정을 적절히 조절하고 표현하는 방법을 익힌다.	우리의 삶 · 모든 교과 · 모든 국어 영역
책임	책임을 다하는 생활의 의미와 중요성을 알고, 맡은 일을 충실히 해내며 결과에 대해 책임지는 태도를 지닌다. 이를 위해 자신의 역할이나 과제, 의무 등에 대해 책임을 다하는 자세가 중요한 이유를 개인과 사회 차원에서 찾아보고 책임을 다한 삶의 모습을 본받는다.	
존중	정보 사회의 의미와 특징을 알고 정보 사회에서 바람직한 가치·규범을 실천하려는 자세를 기른다. 이를 위해 정보기기를 바르게 이용하는 방법을 익히고 정보 사회에서 네티즌이 지녀야 할 기본 예절에 대해 토의한다.	
아름다움	참된 아름다움은 외면적 아름다움뿐만 아니라 내면적 아름다움과 도덕적 삶의 아름다움을 포함하는 것임을 인식하며, 각자가 아름다운 마음을 기르고 바람직한 생활을 하기 위해 노력하는 태도를 지닌다. 이를 위해 우리에게 감동을 주는 아름다운 마음씨의 사례를 찾아보고, 그것이 소중한 이유와 그 가치로움을 발표한다.	

실과 교육 과정

국어과에서 아이들이 무엇을 만날까 고민을 하며 주제를 선정했다. 그 중에서 실과에 나오는 주제가 겹쳐서 생명 이야기, 가족 이야기와 통합했다.

'실과 3단원. 생활 속의 동식물'은 동식물의 이용 가치에 대해 자세히 나와 있다. 하지만 인간이 생명을 어떻게 대해야 하는지 윤리적, 도덕적 가치는 언급이 없다. 친환경 농축산물의 생산도 생명 존중이라는 측면보다는 저탄소 녹색 성장의 일환으로 설명하고 있다. 동물을 생산품으로 취급하고 있는 현실에서 과연 아이들이 먹을거리를 생명이라고 생각할까. 우리의 삶을 돌아보며 이야기를 나누고 싶었다.

'실과 1단원. 나와 가정생활'은 가정생활의 중요성을 알고, 긍정적인 가족 관계 형성하기, 가족 구성원으로서 내가 할 수 있는 일을 찾아 실천하기를 목표로 한다. 아이들은 가족의 화목, 효를 당연하게 생각하는데 문학 작품 속에서, 그리고 내 삶에서 그 의미를 찾아가고 싶었다. 가족이 나에게 어떤 의미가 있는지, 어떤 관계를 맺고 싶은지 다양한 장면에서 이야기를 나눠 보고 싶었다.

영역	성취 기준	통합
기술의 세계	인간 생활 속에서 동·식물이 가축과 작물로 이용되는 중요한 가치를 이해하고, 생활에 이용할 수 있는 동·식물의 종류와 이용 방법을 설명할 수 있다.	주제-생명
	동·식물이 갖는 자원 가치, 농·축산물의 생산·이용이 저탄소 녹색 성장과 어떤 관계가 있는지 이해하고, 친환경적인 농·축산물의 생산과 이용을 체험하고 실천할 수 있다.	
가정 생활	자신의 신체적, 정신적, 사회적 성장과 발달을 이해하고, 이에 도움을 주고 영향을 미치는 가족과 가정생활의 의미와 소중함을 알며, 건강한 가족과 가정생활을 위해 필요한 조건을 이해한다.	주제-가족
	가정생활을 유지하는 데 필요한 여러 가지 일들의 종류와 중요성을 알고, 가족의 구성원으로서 내가 할 수 있는 일을 찾아 능동적으로 수행하여 가족 간에 협력과 배려를 실천할 수 있다.	

사회과 교육 과정

사회과에 나오는 주제 중에서 인권에 대해 관련 책을 읽고 이야기를 나누고 싶었다. 사회 4단원. 우리 사회의 과제와 문화의 발전'에서 경제 문제, 민주주의, 분단과 다문화 문제를 우리 삶에서 갈등 장면과 해결책을 찾아보며 이야기를 나누고 싶었다.

영역	성취 기준	통합
일반 사회	- 경제 성장 과정에서 나타나는 여러 문제(빈부 격차, 노사 갈등, 자원 고갈 등)를 확인하고 그 해결 방법을 찾을 수 있다. - 우리나라 민주화 과정에 대한 이해를 바탕으로 생활 속에서 참여와 민주주의를 실천하는 태도(예, 관용, 대화, 타협, 절차 준수)를 갖는다. - 분단으로 인해 우리 민족이 겪는 문제(예, 문화 이질화, 새터민 문제 등)들을 이해하고, 다문화 사회에 필요한 바람직한 태도를 갖는다.	주제-인권

6. 수업의 큰 흐름

교과서에서는 읽기, 토론, 쓰기를 각각 따로 알려 주지만 실제 생활에서는 언어 기능을 통합적으로 사용한다. 그래서 국어 수업을 구성할 때 큰 주제를 정하고 맥락 속에서 읽기, 토론, 쓰기를 하게 했다. 먼저 주제에 대한 책을 선정했다. 책을 읽으면서 각자의 생각, 느낌을 나누고 내용을 요약했다. 책을 다시 읽은 뒤 질문을 주고받으며 깊이 있게 이야기 나누었다. 중심 질문에 대한 자기 생각을 정리해 글로 썼다.

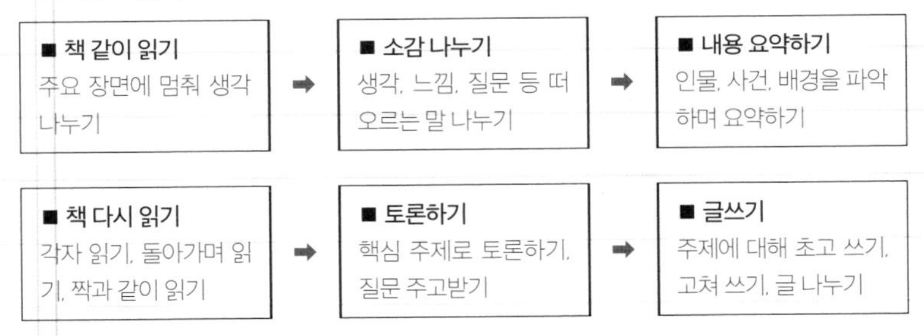

7. 매일 꾸준히 하기

'읽기, 말하기, 쓰기'를 위한 기초·기본 실력을 다지고 습관을 형성하기 위해 매일 책 1권 읽기, 책을 짝에게 소개하고 질문 주고받기, 매일 글쓰기, 일주일에 한 번 글 쓴 것 나누기를 했다.

하루 수업을 마치면 다 같이 도서관에 간다. 나는 아이들이 어떤 책을 어떤 과정으로 고르는지 관찰하고, 아이들은 읽을 책을 확인받았다. 책을 읽은 뒤 다음 날 그 책을 가지고 와서 짝에게 소개를 한다. 국어 시간이 매일 1교시로 정해져 있다. 짝과 같이 10분 정도 책 내용을 설명하고 질문을 주고받는데, 이는 책 읽는 경험을 쌓기 위한 시간이다.
월요일에서 금요일까지 자신의 삶을 주제로 12칸 공책 한 장 이상 글을 쓴다. 아이들은 자신이 겪은 일 중 나에게 중요하고 의미가 있었던 장면을 골라 자세히 썼다. 3월 2주 동안은 교실에서 같이 썼다. 글감을 찾는 것부터 문장을 쓰는 법까지 이야기를 나누며 고쳐 썼다. 그 후로는 각자 집에서 써 왔다. 아이들이 아침에 내면 쉬는 시간에 읽고 주제와 관련하여 한 마디라도 대화를 나누려고 했다. 일주일에 한 번 나누는 시간을 가졌는데, 같이 나누고 싶은 글을 골라 들려주고 질문, 생각을 주고받았다.

수업자의 인식 드러내기를 굳이 글로 적는 이유는 아래 이어질 수업 기록을 수업자의 인식과 같은 맥락에서 살펴보기 위해서입니다. 수업을 함께 들여다보는 첫 출발을 해당 교사에 대한 이해에서 출발하는 것이 타당하기 때문입니다. 글은 이미 있는 생각을 단순히 드러내는 것이 아니라 앞으로 나아가야 할 방향을 동시에 보여 주게 됩니다. 즉 글을 통해서 비로소 인식과 실천적 행위에 관한 단서를 남겨 줍니다.

위의 글 오 선생님의 '인식 드러내기'는 사실 지금껏 우리 회원들보다도 자세하고 구체적이었습니다. 그래서 이 글을 받아 든 모든 회원들이 깜짝 놀라기도 했습니다. 참으로 많은 고민의 흔적들이 담겨져 있어 감탄을 했습니다. 그래서 살짝 걱정이 되기도 했습니다. 어느 삶프로젝트 글에서나 인식 드러내기는 가장 앞부분에 위치하지만 고정된 것이 아니라 앞으로 살아서 꿈틀거리며 가장 많은 변화를 일으킬 부분이기도 하기 때문입니다. 혹시나 이런 철저한 준비가 이후 교사 자신의 변화에 방해가 되지나 않을까 하는 불필요한 걱정을 하면서 말입니다. 학년 초 교사의 인식은 고정된 틀이 아니라 아이들과 만나는 가장 기초 단계로 앞으로 끊임없이 변화를 해 가야 할 부분입니다. 이 변화를 알아채고 이해하는 것이 또한 교사의 성장이겠습니다.

수업 기록

수업자의 인식 드러내기가 정리되면서 우리는 드디어 수업이라는 상황을 만나게 됩니다. 3월 초가 되겠습니다. 처음 만난 아이들과 교실이라는 낯선 공간에서 머리를 맞대게 됩니다. 몇몇 개의 교과는 소개와 동시에 수업이 진행되기도 합니다. 아이들과의 다양한 만남과 대화도 이루어집니다. 우리는 이 시기를 이후 여러 활동의 실마리를 찾을 수 있는 중요한 시기라 생각하여 많은 기록들을 합니다. 수업 시간뿐만 아니라 쉬는 시간, 점심시간도 기록의 대상이 됩니다.

머릿속에 머물러 있는 생각이든, 겉으로 드러나는 상황이나 행동이든 그것을 적는다는 것은 분명 힘든 일이지만 대단히 매력이 있는 일입니다. 왜냐하면 기록은 그곳에 드러난 생각이나 행위들이 앞으로

가야 할 방향을 알려 주는 힘을 가지고 있기 때문입니다. 기록을 통해 여러 인식들이 선명하게 드러나는 순간 변화와 실천의 힘을 가지게 되는 것이지요.[13]

여러 상황이 충분히 기록되지 않았다고, 객관적이지 않다거나 사실이 아닐 수 있다고 바라볼 필요도 없습니다. 우리는 수업을 있는 그대로, 객관적으로, 실체를 빠짐없이 드러내기 위해 하는 것이 결코 아닙니다. 수업자의 주관적 인식을 드러내기 위해서라고 보는 것이 오히려 더 맞을 수도 있습니다. 수업자가 기록자가 되어 '대화를 중심으로 상황이나 배경이 드러나게 판단을 배제하면서 적는다'라는 것을 염두에 두고 기록을 진행하면 됩니다. 좀 더 구체적으로 안내를 하자면 아래의 방법을 이용하면 좋겠습니다.

---

13) 어쩌면 앞에 글과는 모순되게 들리기도 합니다. 우리는 앞 장에서 '어떻게 십수 년, 수십 년간 삶으로 다져진 사람을 바꿀 수 있단 말입니까?'라고 밝히면서 불가능한 일이니 수업자를 바꾸려 하지 말자라는 의견을 밝혔습니다. 그런데 여기서는 다시 '기록으로 인해 그 사람이나 관점들이 바뀌다'니요? 이 둘에는 차이가 있습니다. 변화가 밖으로부터의 압력인가? 아니면 스스로의 인식 변화에 의해서인가? 하는 점이지요. 기록은 기록자의 인식의 반영이지만 있던 것들이 단순히 그냥 드러나는 것이 아니라 글로써 동시에 선명해지는-인식이 태어나는- 과정을 거치게 됩니다. 다시 말하면 기록은 스스로의 인식을 선명하게 드러내 주는 역할을 합니다. 비로소 알게 되는 것입니다. 알게 됨으로써 실천의 방향이 잡히는 것이구요. 이것이 기록의 힘이고 언어의 힘입니다. 수업에서도 이같은 기록의 힘을 이용하는 것이 바로 삶프로젝트 수업입니다.

- 판단과 선입견을 최대한 배제하며 상황과 배경이 구체적으로 드러나게 기록합니다.

☞ 판단이나 선입견이 포함된 글: 친절하다. 예의 바르다. 산만하다. 차분하다. 내성적이다. 성격이 급하다. 책임감이 없다. 배려를 잘한다. 자신감이 있다. 겁이 많다. 공격적이다. 규칙을 잘 지킨다 등등이 여기에 속합니다.

☞ 상황과 배경이 드러난 글: 2교시가 끝나고 교실에서, 친구가 머리를 당기자 큰 소리로, 화장실에 다녀오는 길에 옆 반 선생님에게, 연필을 던진 후 의자에서 벌떡 일어나며, 고개를 좌우로 심하게 흔들며 손으로 책상을 두들긴 후, 국어책을 꺼내 그 사이에 든 안내장을 꺼내 흔들며 등등의 구체적인 묘사가 여기에 속합니다.

- 아이들의 표현 활동(대화, 그림, 조각, 몸동작, 글 등)이 충분히 드러나면 도움이 됩니다. 특히 대화를 잘 드러내는 일이 중요합니다.14)

☞ 대화를 드러내는 방법은 여러 가지가 있습니다. 줄글과 큰따옴표를 이용해서 [교실 뒷문을 열고 들어와서는 “제 수학책이 어디에 있는지 안 보여요.”라고 하자 수영이가 “그거 아까 옆 반 신발장 위에 있는 것 같던데?”라고 말했다.]라고 줄글로 기록하기도 하고 개조식으로 드러내기도 합니다. 그 외 표현물은 사진이나 스캐너를 이용해서 기록 중간중간에 삽입해 둔다면 아이를 이해하는 데 도움을 얻을 수 있습니다.

- 기록에는 많은 트레이닝이 필요합니다. 동료 선생님들과 한 상황을 함께 보고 같이 기록을 한 후에 그것을 비교해 보는 것도 좋습니다.

☞ 트레이닝을 통해 아이들의 행위와 말, 그리고 그것을 바라보는 교사의 시선의 흐름을 조정해 가는 작업이 필요하겠습니다. 시선의 흐름이라 함은 상황을 따라가는 인식의 흐름과도 같습니다. 짧은 한 순간의 장면을 보고 기록해

---

14) 앞서 여러 번 반복하여 언급하였고 이후에도 지겨우리만큼 반복되겠지만 우리는 타인과의 관계 속에서 드러나는 의미를 중요하게 생각합니다. 다른 사람들과 분리된 나 혼자만의 가치는 오히려 위험하기까지 합니다. 그래서 ‘공동체’라는 말도 여러 번 반복해서 사용하게 되었습니다. 기록에서 대화를 특히 중요하게 생각하는 이유는 대화가 타인과의 관계에 가장 많이 영향을 받고 그 관계를 가장 잘 드러내 준다고 생각하기 때문입니다. 수업 기록에서 대화는 놓쳐서는 안 되는 필요조건입니다.

도 기록자에 따라 그 내용은 많이 다릅니다. 서로의 관점이 다르기에 다른 식으로 보고 기록하는 것은 당연한 일입니다. 연습 과정에서 여러 사람의 기록을 굳이 하나로 통일할 필요는 없습니다. 서로 다른 기록을 당연하게 받아들여야 합니다. 다만 기록을 보고 대화를 나누면서 서로 다른 측면들을 인정하고 받아들일 수 있으면 됩니다. 나중에 실제 수업 대화 과정에서는 수업자의 기록을 따라 시선의 흐름을 잡아가면 됩니다.

- 학습 공동체 안에서 이야기된 내용에 따라 기록의 방향을 조정할 수 있으면 좋겠습니다. 그 학교만의 독특한 기록 방법을 고안해내는 것도 좋습니다.

☞ 학습 공동체에서는 수업자(기록자)의 독특한 방법을 이해하는 것도 중요하지만 또 다른 방법으로 접근할 수 있도록 함께 동행하는 활동도 중요하게 해야 합니다. 함께 새로운 시도를 해 보고 장단점을 찾아보면서 교사 또한 성장할 수 있도록 하는 것이 학습 공동체의 역할이라 하겠습니다.

- 매일 기록하는 것은 너무 힘듭니다. 일주일에 1~2회 정도 기록할 날을 정해서 규칙적으로 실천해 보는 것은 어떨까요?

☞ 기록을 하면서 가장 크게 겪는 어려움은 당시 상황을 기억해내는 것입니다. 그 아이가 무슨 말을 했는지, 옆에 누가 있었는지, 그래서 교사가 어떻게 했는지 도대체 기억해내기가 쉽지 않습니다. 더군다나 기록하고자 하는 활동에서 시간이 멀어질수록 기억해내기는 더욱 어려워집니다. 일주일에 1~2회 정도 기록을 하되 가능한 해당 활동이 이루어지는 날에는 꼭 기록을 해 두는 것이 좋겠습니다. 정 힘들면 메모라도 남겨 두면 도움을 얻을 수 있겠습니다.

- 일주일에 1회 정도 기록하더라도 이야기가 이어질 수 있게 맥락을 유지해야 합니다.

☞ 맥락을 유지한다는 것은 이야기의 흐름을 이어가는 것인데 아이들의 반응이나 교사의 상황에 따라 여간 어려운 일이 아닙니다. 아이들의 흥미나 관심도가 이어질 수 있을지도 모르고 교사의 상황이 허락할지도 모릅니다. 서로가 성공적으로 그 프로젝트에 몰입을 하든 그렇지 못하든 기록은 그 맥락을 유지하는 것이 좋겠습니다. 그래야 멋진 결과물에 매몰되지 않고 활동과 아이들과의 관계를 이해하면서 과정으로서의 의미를 찾아갈 수 있기 때문입니다. 맥락 유지를 위해서는 단순히 기록의 힘에만 의존하기보다 또 다른 장치들이 필요할 수 있으므로 학습 공동체와의 대화 관계도 유지하면 좋겠습니다.

기록이 수업자에 의해 진행된다는 것은 큰 의미가 있습니다. 기록의 맥락이 수업자에 의해 결정된다는 것을 의미합니다. 삶프로젝트에서는 수업자를 수업의 전체 맥락을 유지해 가는 핵심적인 역할자로 봅니다. 수업자의 이런 역할은 우리가 부여하든 안 하든 이미 주어져 있는 사실이기도 합니다.

우리는 여기서 기록이 수업자의 주관적 인식의 반영이기에 동시에 그로 인한 한계가 분명히 있음을 확인해 둡니다. 우리는 그 한계를 배제하거나 극복해야 할 지점으로 보지 않습니다. 오히려 이 주관성은 수업의 중요한 성격 중 하나이며 꼭 이해해야 할 부분입니다. 다만 보완하기 위해 여러 노력들을 기울일 것입니다. 그 중 하나가 기록 단계에서 판단과 선입견을 배제하는 것이고 또 다른 하나가 기록 함께 읽기입니다. 기록 읽기에 대해서는 다음 장에서 구체적으로 다시 밝힐 것입니다.

삶프로젝트 모임 안에서 공유한 위의 기록 방법을 바탕으로 오설란 선생님께서는 3월부터 본격적으로 기록을 했습니다. 그 안에는 생명과 평화에 관해 책을 읽고 아이들과 나눈 많은 이야기들과 아이들의 글들이 들어 있었습니다. 많은 양의 기록들 중 5월 우리 모임에서 오 선생님의 수업 기록으로 대화를 나눈 부분의 수업 기록만 아래에 옮깁니다.

지금부터 기록은 수업자의 원 기록, 수업 대화 기록, 수업 기록 또는 대화 이후의 수업자 소감 로 나누어 정리했습니다.

[5~6월, 나와 가족 이야기]

아이들은 가족 이야기를 자주 꺼냈다. 아이들의 모습을 보면 가족에 대해 다양한 감정들이 드러나기도, 숨겨지기도 했다. 아이들의 가정 상황을 알고 있어서 그런지 더욱 문학 작품을 통해 자기 삶을 이야기해 보는 시간을 갖고 싶었다. 글을 읽고, 말하고, 쓰는 과정에서 자신의 삶과 마주할 수 있는 힘을 길렀으면 했다.

■ 심청가, 비단치마		■ 마법의 설탕 두 조각		■ 밤티 마을 큰돌이네 집
[1] 책 같이 읽고 소감 나누기 [2] 질문하기, 이야기 주제 찾기 [3] 내 삶 이야기하기 [4] 비단치마 비교해서 읽기	➡	[1-3] 책 같이 읽고 내 삶 말하기 [4] 책 같이 읽고 토론하기 [5] 책 같이 읽고 이야기 나누기 [6-7] 글 쓰고 나누기	➡	[1] 책 같이 읽고 내용 파악하기 [2-10] 책 같이 읽고 토론하기 [11-12] 글쓰기

1. 심청가/이현순 글 최은미 그림, 비단치마/이형진 글·그림

가족이 등장하는 책은 종류도 많고 다양한 가치가 들어 있다. 처음 시작하는 책은 부모와 자식의 관계에 초점을 두어 우리가 잘 아는 옛이야기를 가지고 왔다. '심청 이야기'는 대부분 '효'에 중점을 두어 해석하고 논쟁한다. 과연 효에 대해서만 이야기를 나눌 수 있을까? 아이들은 이 책을 어떻게 해석할지 궁금했다. 그리고 '심청 이야기'의 패러디 책이 있어서 두 책을 비교하며 읽고 싶었다.

1차시. 책 같이 읽고 소감 나누기

수업 계획
1. 심청전에 대해 이야기 나누기 - 읽어 봤는지 - 어떤 내용인지 2. 심청가 책 읽기 3. 인물, 사건, 배경 파악하기 4. 소감 나누기, 왜 그럴까 의문이 드는 장면 찾기

오늘부터 새로운 주제로 시작하는데 이야기를 다 읽고 주제를 알려 주겠다고 했다. 책을 읽기 전 '심청 이야기'를 알고 있는지 물어봤다. 아이들은 심청이가 왕비가 되었다, 바다에 빠졌다, 눈이 안 보이는 아버지와 딸이 나온다고 했다. 책을 읽고 나서 소감을 나누었다.

- 눈이 안 보이는 사람이 눈을 뜬 게 신기하네요.
- 아버지를 위해 바다에 빠진 게 감동적이에요. 나라면 무서워서 못 했을 거예요.
- 주제가 배려 아닐까요? 아버지를 위해서 목숨을 바치는 게 배려인 것 같아요.
- 주제가 가족 아닌가요?
- 나도 나도. 그렇게 생각했어.
- 근데 왜 이 책이 가족 이야기지?

이 책의 주요 인물, 배경, 사건을 파악했다. 사건을 파악할 때는 한 사람씩 돌아가며 가장 중요한 장면을 말하고 1~5번 중에서 몇 번에 해당되는지 말했다. 빠진 부분이 있어 2장면을 더 추가했다. 사건을 보면서 궁금한 것, 의문이 드는 것을 찾아보라고 했다.

- 심학규가 어째서 눈을 뜰 수 있었을까?
- 왜 아버지는 쌀 300석을 준다고 약속을 했을까?
- 왜 심청은 아버지를 대신해서 바다에 빠졌을까?
- 왜 심청은 잔치를 열어서 아버지를 만났을까?

2차시. 질문 주고받기, 이야기의 주제 찾기

수업 계획
1. 어제 만든 질문에 대한 생각 돌아가며 하기-질문 주고받기
2. 이 책이 말하고자하는 것은?
3. 부모님이 나를 사랑한다고 느낄 때는?

지난 시간에 만든 질문을 칠판에 적었다. 자신이 만든 질문에 자기 생각을 말한

뒤 들은 이들과 질문을 주고받았다. 그 뒤에 이 책에서 중요한 것이 무엇인지 나누었다.

[왜 심학규 씨는 쌀 300석을 준다고 약속을 했을까요?]

- 제 생각으로는 눈을 뜨고 싶은 마음에 그런 약속을 한 것 같습니다.
- 생각 없이 약속한 것은 어리석은 사람이 아닌가요?
- 만약 심학규 씨가 쌀 300석을 위해 심청이 바다에 빠진다고 미리 알았다면 약속을 했을까요?
- 알았다면 아무리 눈을 뜨고 싶어도 약속을 하지 않았을 겁니다. 나이 40이 넘어서 낳은 귀한 딸이고, 7살이 될 때까지 동냥을 다니며 열심히 키운 딸이기 때문이죠.

[왜 심청이 아버지 대신 바다에 빠졌을까요?]

- 제 생각으로는 아버지가 앞을 보셨으면 하는 마음에서 했습니다.
- 돈을 벌어서 300석을 갚을 수도 있잖아요? 왜 극단적인 방법을 선택했어요?
- 돈을 벌면 시간이 많이 걸리니까 빨리 떴으면 하는 마음에서 그런 선택을 했습니다.

[심청이 직접 찾아가지 않고 왜 잔치를 열었을까요?]

- 제 생각으로는 왕이 못 가게 막은 것 같습니다.
- 하인을 보내서 찾아 오게 하면 되지 않습니까?
- 몽타주를 그려서 찾으면 되지 않습니까?
- 심청이 집이 어디인지 몰랐을 것입니다. 집을 찾는 데 오래 걸리니까 잔치를 연 거예요.
- 눈이 안 보이는 사람들 모두를 위해서 잔치를 열고 싶어서요.

[심학규 씨는 어떻게 눈을 떴을까요?]

- 눈이 어떻게 뜨게 되었는지 과학적으로 불가능하지 않나요?
- 심학규 씨는 늘 딸을 보고 싶어 했는데 왜 그 때 눈을 떴을까요?
- 오랫동안 보지 못했고 또, 죽었다고 생각한 딸과 만나서 감격해서 눈을 떴습니다.

[이 책에서 중요한 것]

- 저는 이 책이 효심에 대해 말하는 것 같아요.
- 가족에 대한 사랑을 말하고 있습니다.
- 힘든 일이 있을 때 서로 돕자는 내용인 것 같아요. 심청이랑 아버지 둘이 사는데 아버지마저 돌아가실까 봐 잘 해 드리는 거예요. 저도 할머니랑 둘이 사는데 할아버지가 돌아가셨을 때 할머니께 잘해드려야겠다고 생각했거든요.
- 아버지가 어려운 상황에서도 딸을 키웠어요. 그렇게 키워 주셨기 때문에 아버지를 위해 행동한 거예요.

아이들은 '심청가'를 효를 넘어서 가족에 대한 사랑, 가족이 힘들 때 서로 돕자는 내용으로 해석했다. 그래서 다음 시간에 내 삶과 연관 지어 부모님이 나를 사랑한다고 느낄 때, 가족이 서로 도왔던 경험에 대해 이야기해 보자고 했다.

3차시. 내 삶 이야기하기

'심청가'가 왜 가족에 대한 사랑인지, 가족이 힘들 때 왜 서로 돕자는 내용인지 물어봤다. 아이들은 심청의 희생에 대해서 이야기를 했다. 그러면 책의 주제가 딸의 희생이지 왜 가족에 대한 사랑이냐고 물었다. 아이들은 심청의 입장에서만 보다가 심학규 씨가 딸을 키우기 위해 얼마나 애를 썼는지 이야기를 했다. 그다음 자신의 삶을 생각해 보게 했다.

[가족이 나를 사랑한다고 느낄 때]

- 엄마가 밥을 많이 줄 때요.
- 제가 슬퍼서 울고 있었어요. 그때 엄마가 옆에서 내 말을 들어 주면서 괜찮다고 해 주셨어요.
- 할머니가 많이 아프세요. 저를 혼자서 키우시니까 할머니는 일을 나가야 한다면서 늦게 들어오시거든요. 나를 위해서 힘들게 일하시는 모습을 보면 나를 사랑하신다고 느껴요.
- 고등학생 언니가 있어요. 무슨 일이 있으면 언니한테 이야기를 많이 해요. 주말에 같

이 지내는 시간이 길 때 싸우기도 하지만 언니가 저를 많이 챙겨 줘요.

[힘들 때 서로 도왔던 경험]

- 없는데요. (생각해 보다가) 집안일을 도와 드렸어요. 시켜서 할 때도 있지만 스스로 할 때도 있어요.
- 엄마, 아빠가 사이가 안 좋으셔서 이혼할 뻔 하셨거든요.
- 우리 엄마, 아빠는 이혼했어.
- 그때 엄마가 방에 들어가서 울고 계셨는데 제가 옆에 가서 위로해 드렸어요.
- 할머니가 무릎이 안 좋으세요. 무릎 수술을 하셨는데 인공 연골을 넣었대요. 할머니 다리를 볼 때마다 마음이 아파요. 돌아가시면 어쩌나 걱정도 되고요. 그래서 아픈 할머니를 대신해 집안일을 많이 해요.
- 김장할 때 큰어머니가 집에 오셨어요. 그때 많이 도와 드렸어요.

4차시. '비단치마' 비교해서 읽기

수업 계획
1. 읽어 주기 전(표지, 제목 느낌 살피기)
2. 읽으면서 어떤 장면 멈추기 생각 나누기
3. 읽고 나서 소감 나누기
4. 궁금한 장면, 의문이 드는 장면
- 왜 모르는 척 했을까? 왜 끝까지 모른 척 하지 않았을까.
- 두 책에 나오는 심청, 비슷한 점과 다른 점.

책 표지를 보자 모든 것이 타고 재만 남은 느낌, 폐허가 된 느낌, 절망적인 느낌을 이야기했다. 이전에 읽었던 심청 이야기와 연결된 책이라고 하자 왜 제목이 '비단치마'인지 궁금해했다. 책을 쭉 읽다가 청이가 아버지의 모습을 보고 방 안으로 들어가 숨었다는 장면에서 끊고 전에 읽었던 책과 무엇이 다른지 이야기를 나눴다.

- 청이가 비단치마에 마음이 빼앗겨 치맛자락을 움켜쥐었어요.
- 비단치마를 한 번도 입어 본 적이 없으니까 입고 싶었을 거예요.

표지를 보며 느낌이나 떠오르는 생각을 나누었다.

- '이상한 나라의 앨리스' 같아요.
- 아이가 풀밭을 구르는 게 신나 보여요.
- 꿈속 아닐까요? 문을 열었는데 바다가 있어요.
- 설탕 두 조각을 찾으러 아이가 여행을 떠나는 이야기인 것 같아요.
- 나 이 책 읽었는데… 기억이 안 나네.
- 누구 키가 작아졌던 것 같은데….

아이 둘이 책을 읽어 봤다고 한다. 하지만 둘 다 너무 오래전에 읽어서 기억이 잘 나지 않는다고 했다. 책을 읽어 나가며 아이에게 인터뷰를 하였고 엄마, 아빠가 말을 안 들어줄 때마다 작아진다, 렝켄이 하고 싶은 대로 한다고 예측했다. 1장이 끝났을 때 각 인물이 어떤 마음인지 알아보기 위해 인터뷰를 했다.

- 렝켄, 신난다! 내 마음대로 해서 좋아요. 엄마, 아빠 데리고 바다로 가고 싶어요.
- 렝켄, 엄마, 아빠를 부끄럽게 만들고 싶어요. 시장에 데리고 가서 구경거리로 만들 거예요.
- 엄마, 에휴, 엄마한테 저렇게 하다니, 화가 나지만 화를 내면 작아지니 참아야죠.
- 아빠, 이러다가 점점 모래, 먼지가 되어서 사라지는 게 아닐까요.

2차시. 책 같이 읽고 내 삶 말하기

수업 계획
1. 인물, 배경, 사건 파악하기 - 이어질 이야기 추측하기 - 가족이 내 말을 들어주지 않는다고 느낄 때 - 어떻게 하나? 2. 2장 읽기 - 43쪽 인터뷰 <엄마, 아빠가 내 말을 다시는 절대로, 결코 반대하지 말아야 해요>에 대해 어떻게 생각해요? 정말 원해요? - 55쪽 인터뷰 <그렇지만 렝켄은 그렇게 하기도 싫었습니다> 왜?

인물, 배경을 말하고 중요한 장면을 하나씩 말하고 순서를 배열해 보게 했다.

- 엄마, 아빠가 렝켄의 말을 안 들어줬어요. 1번이요.
- 엄마, 아빠가 각설탕 먹고 키가 작아졌어요. 2번이요.
- 어? 2번 아닌 것 같은데
- 요정이 렝켄에게 각설탕을 줬어요. 1번과 2번 사이에 들어가야 해요.
- 음… 더 이상 없는 것 같은데
- 렝켄이 요정을 찾았어요.
- 86센치, 43센치 점점 작아졌어요.

엄마, 아빠가 렝켄의 말을 안 들어주는 장면과 연관 지어 자신의 경험을 말하였다.

- 책 읽고 싶은데 엄마가 공부하라고 해요. 국수사과영 학습지를 매일 하거든요. 학습지 하면 밤 10시예요. 책 읽을 시간이 없어서 주말에 읽어요.
- 어렸을 때 엄마 아빠가 같이 살았는데 많이 싸웠어요. 싸우지 말라고 했는데 내 말을 안 들어줬어요. 밑에 집에서 올라와도 소용이 없었어요. 엄마가 집을 나가면서 나를 데리러 온다고 했고 그러다 시간이 지나면 엄마가 돌아왔어요. 지금은 엄마, 아빠가 따로 사세요.
- 할머니는 내 말을 잘 들어주시는데 아빠가 저한테만 심부름을 많이 시켜요. 콩이 밥 주는 것도 다 정해놨는데 나한테만 시키고..
- 요즘은 엄마, 아빠가 제 말을 들어주시는 것 같아요.

아이들이 가족과 함께 지내면서 나름의 갈등이 있었다. 가족에게 받는 스트레스가 계속 쏟아졌다. 가족에게 바라는 것도 같이 나눴다. 이야기를 하면서 각자 마음에 담아 뒀던 것들을 풀어 냈으면 좋겠고, 자기 삶의 모든 것이 이야기가 된다는 것을 알았으면 했다.

- 할머니가 밤 12시 넘어서 들어오세요. 집에 혼자 있어야 하니까 빨리 들어오셨으면 좋겠어요. 그런데 막상 같이 있으면 혼자 있고 싶어요.
- 낮에는 혼자 있어도 상관없는데 밤에 모두가 잘 때 깨어 있으면 쓸쓸해요.
- 엄마, 아빠가 싸울 때 방에 들어가서 구석에 웅크려 있어요.
- 나는 혼자 있고 싶을 때 방에 들어가고, 같이 있고 싶으면 거실로 나가면 되는데.
- 학교에서도 센터에서도 학습지 선생님한테서 스트레스 받는데 집에서도 스트레스 받아요. 모두가 내 말을 안 들어줘요. 엄마, 아빠, 할머니.
- 엄마, 아빠가 제 말을 들어주는 편이라서 별로 스트레스 받지 않아요.
- 할머니, 아빠는 괜찮아요. 언니, 특히 남동생 때문에 스트레스 받아요.. 내 말을 정말 안 들어요.
- 동생 때문에 스트레스 받아요. 같이 방을 쓰는데 정말 혼자만의 공간이 필요해요. 외동들은 좋겠어요. 저는 오빠가 있었으면 좋겠어요. 너도 여동생이 있으면 굉장히 괴로울 거야.

3차시. 책 같이 읽고 이야기 나누기

수업 계획
2장 읽기 - 69쪽, 결정을 내리지 못하는 이유. 나라면 어떻게 했을까?

아이들은 렝켄의 부모님이 키가 작아져 고생하는 모습과 렝켄이 자기 집에 난쟁이가 있다고 자랑하는 모습을 재밌어 했다. 렝켄은 부모님이 키가 작아지는 상황을 계속 둘 수도 없고 그렇다고 원래대로 되돌리지도 못 하는데 왜 렝켄은 쉽게 결정을 내리지 못하는지 이야기를 나눴다.

- 엄마, 아빠 키가 작아진 것이 렝켄의 말을 안 들어줘서 생긴 일이에요. 렝켄의 말을 들어주었다면 작아지지 않았을 거예요. 렝켄은 부모님이 자신의 말을 들어주길 바래요.
- 부모님이 말을 안 들어준다고 키를 작게 만든 건 렝켄이 미래를 생각하지 않고 한 결정인 것 같아요. 엄마는 시장에 못 가고 아빠는 일을 못 해요. 렝켄이 모든 일을 알아

서 해야 해요. 밥도 혼자 챙겨 먹어야 하고 집은 엉망이 되고….

- 렝켄이 부모님의 키를 작게 만든 건 잘못이에요. 나라면 부모님의 내 말을 안 들어준다고 해도 참을 거예요.
- 부모님이 내 말을 안 들어준다면 설득을 해야 해요. 내 생각이 어떤지 정확하고 상세하게 설명해야 해요. 그러면 부모님이 들어줄 거예요. 내 말을 들어줄 때까지 설득해야 합니다.
- 설득의 문제인 것 같기도 하고, 부모님의 말을 들어야 할 것도 같고.
- 나라면 할머니에게 말할 거예요. 부모님의 엄마가 하는 말이니 들을 겁니다.

4차시. 책 같이 읽고 토론하기

수업 계획
2, 3장 읽기 - 원래대로 돌려놓는 대신 내가 각설탕을 먹어야 한다면 어떤 결정을 내릴까? - 토론: 말을 잘 듣는 렝켄을 보고 부모님이 이상하다고, 심각하다고, 말을 가끔씩 안 들으면 안 되냐고 말한다. 내가 부모님이라면 말을 잘 듣는 아이, 말을 가끔씩 안 듣는 아이 어느 아이가 좋을까?

2장 끝부분 읽기 전에 잠시 멈추고 원래대로 돌려놓는 대신 내가 각설탕을 먹어야 한다면 어떤 결정을 내릴지 이야기를 나눴다.

- 각설탕을 먹고 부모님 말씀을 잘 들을 거예요.
- 음….
- 각설탕을 먹을 거예요. 부모님이 내 말을 안 들어준다고 그런 일을 했기 때문에 책임을 져야 합니다.
- 다른 방법이 없을까요? 부모님 말씀을 무조건 잘 들을 자신이 없어요. 무심코 반대할 수도 있습니다.
- 렝켄이 어리석어요. 아무리 부모님이 말을 안 들어준다고 키를 작게 만들면 안 돼요. 나라면 부모님에게 설득을 하든 떼를 쓰든 계속 말을 해 볼 거예요.
- 요정을 협박하면 안 될까요? 연구를 해서 방법을 찾는 건요?

3장에는 렝켄이 각설탕을 먹고 말을 무조건 잘 듣는 장면이 나온다. 말을 잘 듣는 렝켄을 보고 부모님이 이상하다고, 심각하다고, 말을 가끔씩 안 들으면 안 되냐고 말한다. 내가 부모님이라면 말을 잘 듣는 아이, 말을 가끔씩 안 듣는 아이 어느 아이가 좋을지 토론을 했다.

- 저는 말을 가끔씩 안 듣는 아이요. 그래야 아이와 토론을 할 수 있어요. 이게 더 좋은지, 저게 더 좋은지 여러 명이 의견을 내면 더 좋은 결정을 내릴 수 있어요.
- 결정을 못 할 때 어떻게 하나요?
- 다수결로 정하면 됩니다.
- 말을 가끔씩 안 듣는 아이요. 말을 너무 잘 들으면 남들이 이상하게 생각합니다.
- 다른 사람의 눈치를 봐야 하나요?
- 아이는 원래 떼를 써야 하는데 떼를 안 쓰면 엄마가 이상한 것을 먹였다고 생각합니다.
- 아이가 철이 들었다고 생각할 수 있지 않나요?
- 그래도 너무 착하면 아이답지 않다고 남들이 이상하다고 생각합니다.
- 순한 아이일 수 있잖아요. 순한 아이가 좋지 않나요?
- 말을 잘 듣는다는 건 자기 의견을 말하지 않는다는 뜻이에요. 의견을 말하지 않는 아이라면 부모가 모든 걸 결정해 줘야 합니다. 어른이 될 때까지 결정해 줄 수 없어요.
- 말을 잘 들으면 부장으로 승진하는 데 도움이 됩니다.
- 그런 사람은 어른이 되어서도 남에게 계속 의지하며 살게 됩니다.

아이들은 부모의 입장이 되어 어떤 아이가 좋은지 생각해 봤다. 모두 말을 가끔씩 안 듣는 아이가 좋다고 했다. 말을 가끔씩 안 듣는 건 자기 생각이 있다는 뜻이라고 여기는 것 같았다. 이를 통해 자신이 어떻게 살아야 하는지 돌아봤으면 했다.

5차시. 책 같이 읽고 이야기 나누기

수업 계획
3장 읽기 - 렝켄은 부모님 말씀을 꼭 필요할 때만 반대했다. 왜? 언제? - 부모님은 렝켄의 말을 꼭 필요할 때만 반대했다. 왜? 언제? - 서로의 말을 반대하는데 행복하게 살 수 있는 이유?

마지막까지 읽었다. 아이들은 렝켄과 부모님이 사이가 좋아지는 결과를 마음에 들어 하는 것 같았다. 가족이 잘 지내기 위해 서로의 말을 들어줘야 하지만 꼭 필요할 때는 반대를 해야 하는 것 같다며 그게 어떤 경우일지 이야기를 나눴다.

[부모님 말씀에 꼭 필요할 때는 반대해야 한다.]

- 외국으로 유학가라고 하는 것(공부가 안 될 수도 있다)
- 부모님이 술을 너무 많이 마실 때
- 부모님이 술을 마시고 운전을 하려고 할 때
- 몸이 안 좋은데 뭔가를 하라고 할 때(다리 아픈데 유치원 가라, 배가 아픈데 학원가라고 말한 것)
- 부모님이 서로의 말을 안 믿을 때(아빠가 회사에 갔는데 엄마가 진짜인지 확인한 것, 내가 진짜라고 말해 줌)
- 부모님이 내 말을 안 믿을 때(숙제하고 있는데 논다고 하는 것)
- 위험한 것을 시킬 때(칼 들고 와라)

[아이의 말에 꼭 필요할 때는 반대해야 한다.]

- 나쁜 친구 만나서 술, 담배 하는 것
- 계획한 것을 안 하고 놀러간다고 할 때
- 공부한다고 방에 들어가서 폰으로 게임할 때(공부를 제대로 해야 한다)

서로의 말을 반대하는데 행복하게 살 수 있는 이유에 대해 이야기를 나누면서 마무리 짓고 싶었는데 시간이 없어서 못 했다. 다음 시간에도 시작할 때 하려고 했는데 잊어버려서 아쉽다.

6~7차시. 글 쓰고 나누기

수업 계획
- 부모님과 갈등 장면(부모님이 내 말을 안 들어줄 때, 내가 부모님의 말을 안 들을 때), 부모님에게 바라는 점, 내가 노력할 점 쓰기 - 발표하고 소감, 질문 나누기

렝켄과 부모님처럼 서로 말을 안 들어주는 경험이 있는지 물었다. 5학년 아이 셋은 격하게 반응을 하며 갈등이 많다고 했다. 4학년 아이는 고민하는 듯했다. 글을 솔직하게 썼지만 발표하는 것이 부담되지 않을까 싶어서 물어봤지만 괜찮다고 했다. 이 아이들의 힘은 무엇일까? 자기 삶을 이야기로 풀어내는 것이 아이들에게 의미 있는 활동이었으면 했다.

[가족 이야기]

주말에 아빠가 안방에서 옷을 입고 밖에 나가려고 문을 열었다. 난 아빠가 담배 필까 봐 아빠를 따라나섰다. 오래전부터 아빠가 밖에 나갔다 오기만 하면 담배 냄새가 나서 이번에서 아빠가 담배를 필 것 같았다. 아빠는 내가 담배를 못 피게 하는 줄 알고 아파트 문 쪽으로 뛰어갔다. 그렇게 내가 쫓는 동안 아빠는 잽싸게 뛰면서 담배를 폈다. 난 담배 냄새가 퀘퀘해서 아빠를 피해 집으로 빠르게 갔다. 그리고 아빠가 담배 냄새가 있는 채로 올라올까 봐 문을 잠갔다. 시간이 5분 지나고 아빠가 올라왔다. 문이 조금 열렸는데 그 사이로 담배 냄새가 났다. 그래서 난 문을 닫고 담배 냄새가 사라질 때까지 30분 뒤에 열어 줬다. 아빠가 담배를 안 폈으면 좋겠다. 아빠를 담배 중독에서 벗어나게 하기 위해 보건소에 데려가야겠다.

- 저도 아빠가 담배를 피시거든요. 그때는 담배를 빼앗아야 해요. 그리고 아빠 머리를 잡아 뜯어요.
- 담배를 버리면 돼요.
- 담배가 얼마나 비싼지 아세요? 버려도 또 돈 내고 사요.

- 엄마한테 아빠가 담배 핀다고 말해요. 그럼 아빠가 벌금 5,000원을 내야 해요.

[가족 이야기]

아빠가 술을 먹으실 때마다 콩이를 개장수에게 팔아 버린다고 하셨다. 나는 아빠를 말렸지만 아빠는 개털 때문에 고생이라고 하셨다. 편이 갈렸다. 아빠, 할머니는 콩이를 개장수에게 판다고 하고 나, 언니, 동생은 콩이를 개장수에게 팔지 말자고 했다. 해결책을 찾아 나섰다.

첫 번째는 개를 풀고 밥, 물만 주고 키우자고 했다. 하지만 풀어 키우면 개똥 때문에 신고가 올 것 같았다. 두 번째는 콩이 밥, 물, 털, 대변, 소변 모두 나, 언니, 동생이 치우자고 했다. 우리는 그것으로 결정했다. 번거롭지만 콩이가 개장수에게 팔리지 않으려면 꾸준히 해야 했다. 그래서 콩이 밥 주는 날과 규칙을 정했다. 근데 동생은 지키기 않고 있다.

아빠, 할머니가 콩이를 판다고 하지 않았으면 좋겠다. 내가 콩이 밥 주는 날과 규칙을 지켜 콩이가 개장수에게 잡혀가지 않도록 노력해야 한다.

- 저희 집에 꽃님이가 있었는데요. 분명 묶어 놨는데 개가 없어졌어요. 할머니가 어떤 트럭이 집 앞에 있었다고 했는데 아마 개장수였나 봐요.
- 저희 집은 우유를 집 안에서 키우거든요. 그래서 우유가 말을 안 들을 때 엄마가 캐리어에 넣어 놓은 적이 있어요. 언니와 동생이 울면서 엄마한테 말에서 우유를 꺼냈어요.

[가족 이야기]

엄마, 아빠는 나의 마음을 몰라준다. 평일에 항상 공부하고 주말에 쉬고 있는데 엄마, 아빠께서 "공부해"라고 말씀하시는 것이다. 나는 그 말이 싫었다. '공부' 아무리 좋은 중학교를 간다고 해도 2년밖에 안 남았는데 2년이라도 편안하게 쉬고 싶었다. 엄마, 아빠 자기들은 놀면서 나한테 책 읽어라, 공부해라 등등 온갖 잔소리를 다 한다. 어떨 때는 머리가 아프고, 공부에 방해된다. 부모님은 내 마음을 알까? 해결 방법은 없는 걸까?

내가 부모님께 바라는 것은 나 혼자만의 방을 만들어 줬으면 하는 것이다. 그리고 내 개인 일에 상관하지 않았으면 좋겠다. 항상 기분이 좋은 것만은 아니다. 기분이 나쁠 때도 있고 좋을 때도 있는데 내가 방에 들어가면 엄마, 아빠는 "너 삐졌지?"라고 한다. 동생과 비교할 때도 있다. 나도 이제 아기가 아닌데 아기 취급을 한다. 엄마, 아빠가 좀 자제했으면 좋겠다. 나도 내 의견을 자세히 말하도록 노력해야겠다. 내가 이 이야기를 못 해서 미안해. 가족 여행도 많이 가고 가족과 있는 시간을 만들어 줬으면 좋겠어.

- 저는 늘 방을 혼자 썼어요. 자기 방을 갖고 싶은 마음이 있다는 것을 처음 알았어요.
- 불쌍하네요. 저도 둘째지만 원래 둘째들이 서러워요. 위에서 치이고 밑에서 치이고.
- 센터에서 9시까지 있잖아요. 그만큼 공부하니까 쉬고 싶다고 힘들다고 말을 해 봤어요?
- 말했는데도 안 들어줘요.

[싸우는 갈등은 싫어!]

내가 어린이집 다닐 때 아빠, 엄마가 싸웠다. "왜 싸워?"하니까 엄빠는 "너가 끼어들면 더 안 돼"라고 했다. 난 화가 나서 "엄마, 아빠가 싸우면 엄마, 아빠만 힘들어진다."고 했다. 난 서러워서 울었다. 내 말도 안 들어주고 계속 싸운다고 울면서 얘기했다. 엄마, 아빠가 내 울음소리를 듣고 미안했는지 "미안해", "내가 먼저 화내서 미안해"라며 사과를 해서 해결이 되었다. 난 울음을 그치고 "다음부턴 싸우지마"라고 했다. 그때 난 엄마, 아빠가 싸우고 날 울게 할 거면 할머니 집에 보내 달라고 하고 싶었다.

- 왜 싸워요?
- 아주 좋은 질문입니다. 처음에는 두 분이 서로 사랑했는데 내가 태어난 뒤로 의견이 안 맞았다고 합니다. 그래서 지금 이혼한 상태입니다.
- 사랑했는데 이혼했다고요? 이해가 안 가네요.
- 저도 작년에 엄마, 아빠가 크게 싸워서 이혼할 뻔 했습니다. 아주 공감합니다.
- 참 고생이 많았네요.

위의 기록은 오 선생님이 자기의 눈으로 바라본 7차시 분량의 자기 수업 과정입니다. 이 안에는 오 선생님의 독특한 안목이 녹아 있으며 학급 아이들과 차곡차곡 맺어 간 관계가 얽혀 있습니다. 그것들이 빚어져 하나의 수업 세계를 형성하고 있습니다. 이제 우리는 이러한 오 선생님의 수업 세계에 한발 한발 다가서서 '이해'의 길을 걸어가야 합니다. 섣불리 판단하거나 평가를 해서는 안 됩니다. 왜냐하면 이 기록은 수업의 실체를 있는 그대로 드러낸 본질적인 요소가 아니기 때문입니다. 반대로 한 기록자의 주관성으로 인해 쉽게 드러나지 않을 수도 있는 수많은 이야기들의 한계를 안고 있을지도 모릅니다.

그렇다고 그것이 문제가 되지는 않습니다. 기록의 사실 여부를 시시콜콜 확인할 이유는 없습니다. 우리는 이제 그 기록 안에 들어 있는 수많은 맥락들 중 겨우 몇 개를 주관적 인식에 기초하여 드러내야 하는 숙제를 받아 든 것입니다. 기록의 힘은 주관성에 기초할 때 힘을 발휘한다고 믿기 때문입니다. 이때 드러난 맥락이 바로 수업 이야기입니다. 오 선생님의 수업 기록을 두고 본격적으로 수업 대화에 들어가기 전에 위의 기록을 마친 후에 오 선생님이 적은 생각을 정리했습니다.

삶 프로젝트 모임을 시작했다. 새 학년도의 아이들, 교과에 대한 고민과 함께 수업 기록을 써 와야 했다. 아이들과 함께 만들어 가는 수업이라면 해 보고 싶은 게 있었다. 그 과정을 기록으로 남기면 의미가 있을 것 같았다. 1학기 동안 나의 고민과 국어 수업을 기록했다. 기록을 하는 데 큰 어려움이 없었다. 아이들 수가 적고 특성이 분명해서 수업 마치고 핵심이 되는 표현만 빠르게 기록을 해 놓으면 오후에 대화 과정을 재구성할 수 있었다. 그렇지만 기록을 나누는 것은 자신이 없었다. 수업 기록은 지도안과 달리 내 생각과 고민을 자세히 드러내야 하고, 아이들의 모습을 내 글로 보여 줘야 하는데 그것이 어떤 평가를 받을지 두려웠다. 하지만 수업 나눔을 제대로 해 보고 싶은 마음이 컸기에 기록을 내놓았다.

수업 기록 함께 읽기

우리가 수업 기록을 다시 읽는 것은 그 안에 담긴 수업의 의미를 해석하기 위해서입니다. 물론 수업이 수업자에 의해 기록되는 순간 이미 글에는 많은 의미가 담기게 되고 수업자는 그로 인해 지난 수업이 선명해짐과 동시에 앞으로 나아가야 할 바를 볼 수 있게 됩니다. 그 자체로도 큰 의미가 있습니다. 기록의 힘은 그만큼 강력합니다.

하지만 우리는 앞서 수업의 성격이 주관성을 가지고 있기에 따라오는 한계가 있다고 밝혔습니다. 때문에 수업자에 의한 기록 또한 주관적 인식을 반영하면서 한계를 가질 수밖에 없습니다. 기록의 한계를 인정함과 동시에 보완해야 하는 일이 생기는데 그 중 하나가 수업 기록 함께 읽기입니다. 이것은 수업자의 기록을 학교 안의 선생님들이나 수업 연구 모임 안에서 함께 읽어 나가는 과정을 의미합니다. 기록을 함께 읽으면서 미처 우리의 인식이 미치지 못한 부분을 알아내고 그 의미를 찾으면서 앞으로 이어질 수업에 대한 실마리를 얻게 됩니다. 기록까지는 수업자의 개인적인 활동이지만 그 이후부터는 공동체 활동으로 진행합니다. 공동체 안에서 여러 수업자의 주관적 세계를 의미 있게 살려 가는 작업입니다. 기록이 힘을 가져다 준다면 공동체에 의한 나눔은 방향키 역할을 하게 되는 것입니다.

삶프로젝트에서는 주관의 세계를 중요하게 받아들이지만 개인의 차원에 머무르는 것을 경계합니다. 수업이라는 것이 다양한 관계 안에서 의미를 가지게 되는 것이라 학습 공동체 안에서 함께 그것을 살펴보는 일은 중요합니다. 삶이라는 것은 얽히고설킨 관계 그 자체인데 그 관계를 배제하고는 수업의 진짜 의미를 보기가 힘든 것이지요. 그래서 함께 읽기를 합니다. 사실 지금부터가 진짜 어렵기도 하고 중요한 과정이 되겠습니다. 수업 기록을 함께 읽어 가는 과정을 좀 더 세분해서 질문하기와 맥락에 따른 의미 찾기로 나누어 살펴보겠습니다.

기록 함께 읽기의 첫 번째 과정은 질문하기입니다. 기록을 다 같이 읽고 난 후에 수업자에게 그 기록에 대해 '정말 궁금한 것' 또는 '더 알고 싶은 것'을 질문하는 것입니다. 질문하기는 수업자의 세계로 들어가는 문(그 문은 무수히 많으며 어느 곳에 어떤 모양으로 달려 있는가도 다 다릅니다)을 열 수 있는 열쇠라 하겠습니다. 어떤 문을 열 것인지, 어떤 열쇠를 찾을 것인지가 질문자의 몫이 되겠습니다. 질문하기는 수업자와 아이들의 관계로 구성된 독특한 세계에 들어가기 위한 것이기도 하며 기록자가 다시금 자기 수업을 되돌아보는 기회가 되기도 합니다.

질문하기는 '평가' 또는 '판단하기'와 정반대의 개념입니다. '판단'하는 것은 다른 세계로 들어가기 위한 것이 아니라 오히려 다른 세계와 벽을 쌓는 일입니다. 들어갈 필요도 없이 고립시키는 일입니다. '판단'할 때 사용하는 말은 잘 했다, 못 했다, 멋지게 그렸다, 우수하다, 책임감이 강하다, 친구를 잘 배려한다, 재미있어 했다, 지루해 했다, 기분 나빠했다, 이해했다, 좋아했다, 해결했다 등이 있습니다. 어쩌면 판단하고 말을 하는 것이 아니라 말을 하면서 판단이 되고 인식의 벽을 쌓는 것인지도 모르겠습니다. 우리는 수업 기록을 읽으면서 그 수업을 판단해서는 안 되며 반대로 이해하기 위해 노력합니다. 그리고 그 노력의 실천 방안으로 질문하기를 하는 것입니다.

질문자들은 기록자에게 질문을 하기 전에 서로 의견을 나누며 무엇을 질문할 것인지를 미리 문장으로 만들어 보는 과정을 거치는 것이 좋습니다. 기록과 마찬가지로 연습이 필요하기 때문입니다. 그래서 어떤 질문이 수업자의 세계를 이해하기에 합당한 것인지, 수업의 세계에 초대받은 자로서 합당한 태도인지를 미리 확인해 본다면 질문자나 수업자에게 더욱 도움이 됩니다. '정말 궁금한 것을 물어봐야지'라고 생각하면서도 막상 질문을 만들어 보면 상대방을 이해하기 위한 것이 아니라 자기 생각을 전달하기 위한 코칭 차원의 질문이 많아지기도 합니다.

기록에 대한 질문은 수업의 실체를 있는 그대로, 객관적으로 드러내기 위해 하는 것이 아닙니다. 때문에 기록이 얼마나 정교한가, 잘

간추려져 있는가, 아이들의 이야기가 잘 드러나는가 따위의 평가들은 마음속 깊이 묻어 두는 것이 좋겠습니다. 다만 기록을 통해 수업의 세계로 조심스럽게 한 걸음씩 발을 디디려는 초대받은 사람의 태도를 가져야 합니다. 수업이 그 기록으로 모습을 드러낸 데는 다 그만한 이유가 있습니다.

또 한 가지, 질문의 방향이 어디를 향하고 있는지 염두에 둘 필요가 있습니다. 질문을 던지는 사람에 따라 자기에게 익숙한 면만 바라보고 한두 방향의 질문을 가지는 경우가 많습니다. 교사의 활동에 대해 관심을 많이 가지는 사람도 있고, 교과에 대해 관심을 많이 가지고 질문을 하는 사람도 있습니다. 어떤 사람은 수업 상황에서 벗어나 있는 아이에 대해 질문을 많이 하기도 하는데 이는 질문자의 독특한 세계관이 반영된 것이라 하겠습니다. 그래서 수업자에게 던지는 질문의 방향을 살피면서 질문을 조정할 필요가 있습니다.

질문을 만든 후에 질문을 주고받으면서도 석연찮은 부분이 있다면 무엇인지 질문자가 명확하게 찾아내는 것이 좋습니다. 그래서 질문을 '낱말' 또는 '문장'으로 만들어 내야 합니다. 구체적인 문장으로 만들어 내지 않으면 무엇을 묻는지 명확해지기 어렵습니다. 구체적인 낱말과 문장으로 만들어 봐야 석연찮아 하는 부분이 무엇인지 명확해질 수 있습니다.

한번은 우리 회원들끼리 어떤 질문이 좋은 질문이고 어떤 질문이 좋지 않은 질문인지 이야기를 나누어 보았습니다.

◎ 좋은 질문이란?

- 질문 받은 사람이 대답을 할 수 있는 질문
- 수업자가 '내가 이렇게 수업을 했구나, 우리반 아이들이 이런 것을 알게되었구나.' 라는 식으로 자신의 수업에 대해 깨달을 수 있는 질문
- 생각해 보지 못한 부분에 대해 고민하게 하는 질문
- 새로운 시각으로 내 수업을 바라보게 만드는 질문
- 수업자가 당연하다고 생각한 것을 왜 당연하냐고 물어보는 질문
- 교사가 수업을 준비하고 학생을 바라보는 밑바탕을 흔들어 주는 질문
- 대답하기 쉬운 질문

◎ 좋지 않은 질문이란?

- 수업자가 공격 당했다 여겨지는 질문
- 질문을 받은 사람의 마음이 불편한 질문
- 뭘 묻는지 정확하지 않은 질문
- 평가적인 내용이 섞여 의견 같은 질문
- 맥락에 대한 이해 없이 왜 그렇게 했냐고 비난하는 듯한 질문
- 대답하기 어려운 질문
- 궁금해서 물어보는 것이 아니라 질문자가 답을 정해 놓고 던지는 질문('이 수업방법이 더 좋은데 왜 그렇게 하지 않았냐', '너는 틀렸고 내가 옳으니 내 생각대로 수업 방향을 고쳐라' 라는 질문)

그러면 우리는 실제 기록을 두고 어떤 질문과 답변을 주고받았는지 살펴보겠습니다. 아래 내용은 질문에 관한 위의 관점을 유지하면서 워크숍을 통해 오설란 선생님의 수업 기록을 가지고 나눈 질문과 그 답변에 관한 것입니다. 굉장히 긴 시간 동안 이어진 워크숍 대화

를 당시 상주 동부초등학교에서 근무하셨던 조이섭 선생님께서 일일이 다 기록을 해 주셨고 그것을 바탕으로 오 선생님께서 다시 정리한 것입니다. 이 과정을 찬찬히 살펴본다면 기록에 조심스레 다가가려고 노력했던 우리들의 고민이 잘 드러날 것입니다.

우리는 질문하기에 집중하기 위해 10여 명의 참가 회원을 두 모둠으로 나누어서 질문 만들기를 해 보았습니다. 한 모둠 당 4~5개 정도의 질문을 만들어서 수업자에게 물어보는 식으로 워크숍을 진행했는데 그 과정은 아래와 같습니다.

[Ⅰ 모둠에서 정한 질문]

1. **수업자는 기록에서 '아이가 자기 삶을 마주하는 힘'이라고 적었습니다. 삶을 마주하는 힘이란 것은 구체적으로 어떤 힘을 기르고자 하는것인가요?**
   - 수업자: 지금 하고 있는 이런 활동들이 아이들에게 무엇을 줄 수 있을까? 그냥 막연하게 생각해서 쓴 것입니다. 대답하기 어렵네요. 답을 원하기는 하는데 무엇을 답해야 하는지 잘 모르겠습니다.
   - 질문자: 수업을 선정하게 된 이유에 대한 질문입니다.
   - 수업자: 가족에 대해 힘들다, 가족이 내 말을 안 들어준다고 할 때, 아이들이 가족에 대해 말하고 싶은 게 많다는 생각이 들었습니다. 4학년 아이는 가족 이야기를 별로 하지 않아 들어보고 싶었습니다. 수업을 해 보니 말을 할 이유가 없어서 그런 것 같았습니다. 평소에 하던 말을 좀 더 드러내 보고 싶었던 것 같습니다.
   - 질문자: 가족에게 상처받은 아이들에게 뭔가를 해 주고 싶어서 그랬다는 뜻인가요?
   - 수업자: 내가 무엇을 해 주기보다는 아이들의 말을 들어보고 싶었습니다.

2. 가족 이야기를 하는 아이들과 그 이야기를 듣고 반응하는 아이들의 태도는 어떤가요?

- 수업자: 자기 이야기를 많이 하는 아이가 있습니다. 그렇게 하면서 푸는 것 같아요. 올해 조금 괜찮아졌다고 하는데 아이 마음에는 부담감이 커서 집 이야기를 계속 합니다. 엄마, 아빠에게는 이야기 못 하는 것들을 학교에서 친구들과 선생님에게는 합니다.
- 질문자: 그런 이야기가 일상화되어 있나요? 듣는 아이들이 그냥 그렇구나 하고 듣는가요?
- 수업자: 그냥 듣습니다. 하소연을 듣는 정도로. 다들 상황이 그렇기 때문에 서로 이야기를 하고 넘어갑니다. 자기에게 질문을 하면 자기 사연을 상세하게 말해 줍니다.
- 질문자: 아이들이 자신의 이야기를 드러내는 것만으로도 좋은 것인지? 아이들이 여기에서 멈추지 않고 배우고 유의미하게 성장해야 하는지? 유의미한 성장이 일어나야 하는지? 어떻게 하는 것이 좋을까요?
- 수업자: 한 아이가 글에도 썼듯이 '내 이야기를 해야겠다, 가족에게 내가 힘들다고 하는 것을 말해야겠다'고 말했습니다. 그런 것에서 조금씩 비쳐지는 것 같습니다. 4학년 아이가 부모님만 생각하면 안 되고 나도 생각해야 한다고 의견을 강하게 냅니다. 그래서 다른 아이들도 영향을 받고 있는 것 같습니다.
- 질문자: 4학년 아이가 그런 역할을 많이 하는데 그런 부분이 어디인지 찾아봐야 할 것 같습니다.

3. 책으로 하는 수업에 대한 아이들의 반응은 어떠한가요?

- 수업자: 아이들에게 책을 읽으며 수업하는 것을 어떻게 생각하는지 꾸준히 물어봅니다. 처음에는 책을 읽는 수준이 낮고 책을 잘 안 읽었습니다. 그런데 책을 자주 읽으니 책에 흥미가 좀 생겼고 자기가 하고 싶은 이야기를 계속 이야기를 해야 하니 더 좋아했습니다. 자기 이야기를 하는 것에 큰 의미를 둡니다.

4. 아이들과 가족의 관계가 드러나는 다른 사건이나 이야기가 있나요?

- 질문자: 심청전을 했을 때 이야기 읽으며 '이거 뭐지?' 하는 생각이 들었습니다. 그래서 아이들이 이 수업 이전에 이야기를 나누었던 것, 사건들이 궁금해졌습니다.
- 수업자: 3월 처음에 만났을 때는 집에서 힘든 이야기들이 주였습니다. 가족들이 내 말을 안 들어준다는 말을 많이 했습니다.
- 질문자: 내 말을 안 들어준다는 것이 어떤 것인가요?
- 수업자: '학습지를 하고 있는데 너무 힘들다고 했는데 내 말을 안 들어준다.' '지역 아동 센터에서 9시까지 있는데 공부하고 활동을 한다. 그런데 집에 가면 또 학습지를 해야 한다. 센터에서 시험을 치기도 하고 해서 스트레스가 많다' 등의 이야기를 했습니다. 아이들이 '나는 엄마 어디가 닮았다'는 이야기를 했던 대화가 인상 깊게 기억이 납니다. 센터에서는 다른 학교 학생들과 같이 있어야 하니 구박을 받기도 하고 집에서도 이야기를 들어주지 않으니 학교에서 이야기를 하는 것 같습니다.
- 질문자: 학교에서의 이야기로만 아이들이 서로를 이해하는 것인지, 아니면 집에 왕래를 하면서 알고 있는 것인지 알 수 있나요?
- 수업자: 가까이 살아서 서로의 집에 자주 놀러 가기도 합니다.
- 질문자: 서로가 위안이 많이 되었겠습니다.
- 질문자: 아이들의 이야기 내용이 참 무겁습니다. 하지만 아이들이 무겁다고 생각하지 않고 있는 것 같습니다.
- 질문자: 그래서 우리가 어떻게 느끼느냐가 아니라 아이들이 어떻게 생각하고 있느냐 느끼고 있느냐를 찾아야 합니다. 의미 단락을 나누고 어떤 교사의 행동이나 말, 학생의 말, 어떤 상황에서 수업의 흐름이 전개되었는지 명확하게 찾아야 합니다.

[기록자의 생각]

- 자기 삶을 마주하는 힘이 무엇인지 질문을 들었을 때 당황해서 말을 제대로 못했다. 기록할 당시 왜 그런 표현을 썼는지 떠올려 보면 우리 반 아이들은 나름대로 힘든 상황에 있다. 그래서 우선 힘든 것을 힘들다고 말하는 것, 다른 사람의

힘듦에 관심을 가지고 들어주는 것, 힘든 것을 다른 관점에서 바라볼 수도 있다는 것을 통해 아이들이 힘듦을 넘어서서 자기 삶을 살아갔으면 해서 자기 삶을 마주하는 힘에 대해 쓴 것이다.

- 아이들이 자기 이야기를 하면서 위안을 받는 것 같다. 어디에서도 말하지 못하는 것을 교실에서 솔직하게 풀어놓는다. 가족이 자기 말을 들어주지 않는 것도 있겠지만, 가족에게 자기 이야기를 하지 못하는 것도 있는 것 같다. 나도 인권에 대한 말을 자주 하고, 4학년 아이도 자기주장을 해야 한다는 의견을 강하게 내세우는데 그것에 영향을 받아서인지 점점 아이들은 자기 삶을 살아야 하고 자기주장을 해야겠다는 표현이 나온다.

이것과 관련된 이야기가 있다. 아이들이 지역 아동 센터를 마치고 집으로 돌아오면 저녁 9시가 넘는데 그때부터 국, 수, 사, 과 학습지를 푼다고 했다. 너무 힘들지만 해야 되니까 한다고 했다. 힘들다고 말해도 안 들어준다고 했다. 나는 아이들과 공부를 왜 하는지, 어떻게 공부할 것인지 이야기를 나누었다. 그리고 학교 공부와 맞지 않고, 몸과 마음이 지치고, 선행을 하는 학습지를 꼭 해야 하는지 고민해 보고 자기 의견을 부모님께 말씀드리라고 했다. 아이들은 내가 왜, 무엇을, 어떻게 공부를 해야 하는지 고민해 보는 게 처음이라고 하며 부모님께 말씀드리겠다고 했다. 그 대화를 4월 초에 나눴고 그 뒤에 어떻게 됐는지 기회가 있으면 물어보고 격려했다. 6월까진 변화가 없었다. 7월 학기 마무리를 할 때 갑자기 생각나서 물어보니 학습지를 그만두었고 그 시간에 쉬거나 책을 읽는다고 했다. 나는 아이들 스스로가 변화를 이끌어 낸 것에 축하를 해 줬다. 그 일로 아이들은 자기주장을 통해 삶이 변할 수 있음을 깨달았을 것이다.
지금 와서 생각해 보면 그것이 자기 삶에서 절실한 것을 이야기하고, 자기 생각과 주장을 펼치는 좋은 기회였는데 이제 알아차렸다. 이를 살릴 수 있는 수업을 2학기 때 이어 나갈 것이다.

[Ⅱ 모둠에서 정한 질문]

1. 가족 이야기로 여러 이야기가 있는데 심청 이야기를 첫 번째로 선정하신 의도가 있나요? 것은 구체적으로 어떤 힘을 기르고자 하는 것인가요?

- 수업자: '비단치마'를 읽고 이야기를 나누고 싶었습니다. 그런데 아이들이 심청 이야기를 알까?라는 생각을 했습니다. 그래서 심청가를 먼저 읽었습니다. 그냥 막연히 아이들이 효에 대해 생각할 것이라 생각했습니다. 가족 이야기 전에 가족에 대해 부정적인 이야기를 많이 들었습니다. 그런데 '가족에 대한 배려를 해야 한다', '가족의 사랑을 위해 당연히 바다에 빠져야지!' 하는 반응이 나왔습니다. 예상과는 반응이 달랐습니다. 그래서 어떻게 해야 되지? 하는 생각을 많이 했습니다. 진짜 심청이를 먼저 이야기하는 것이 맞나 고민을 했습니다. 심청이 이야기를 먼저 했기 때문에 아이들이 그런 반응을 했다고 여겼습니다. 나는 아이들이 집에 대한 불만이 있으니 '왜 심청이가 그렇게 해야 해?' 하는 반응을 보일 줄 알았습니다. '비단치마'를 읽고 나서도 비단치마보다 심청이가 좋다고 하고, 머뭇거리지 말고 바로 바다에 뛰어들어야지 했었는데, 남학생이 다른 면을 이야기 하니 혼란스러웠습니다.
- 질문자: 아이들이 수업에서 모범 답안을 말하려고 하는 것 같기도 합니다. 책을 읽고 모범 답안을 말하려고 하는 것 아닐까요?
- 수업자: 선생님에게 잘 보이려고 하는 것은 아닌 것 같습니다.
- 질문자: 선생님이 생각했을 때 아이들 상황이라면 안 뛰어들 것 같다는 예상을 했었는데, 지금에 와서는 왜 그런 반응을 하게 되었는지 생각해 보았는가요?
- 수업자: 부모님에 대한 사랑을 그리워하고 받고 싶어 하기 때문에 오히려 더 사랑을 지키고 싶어 하는 것 같습니다. 사랑을 받기 위해 자기가 희생하겠다 하는 것일 수도 있겠습니다. 아이가 가족에 상처를 많이 받아 가족에 대한 애착이 있을까 싶은 아이들도 가족에 대해 소중히 여기는 마음이 있었습니다.
- 질문자: 가족에 대한 사랑을 위해 자기가 희생하고 소중히 여겨야 한다는 것이 아이에게 중압감으로, 짐으로 여겨지는 것 같은 것은 우리의 과도한 생각인가요?
- 수업자: 한 아이는 집에서 자기가 잘해야 한다고 생각을 하고 있습니다. 나라도 잘해야 한다고 말을 많이 합니다. 다른 한 아이는 동생 이야기를 위주로 합니다. 또 다른 아이는 할머니 이야기를 합니다. 할머니가 연세가 많으신데 걱

정이 된다고 이야기하기도 합니다. 아이가 자기의 짐을 드러낸 수업이라고 생각이 듭니다.

- 질문자: '비단치마'를 먼저 읽고 싶었던 이유는 무엇인가요?
- 수업자: 별 생각은 없었습니다. 가족과 관련된 패러디가 있는 비교할 수 있는 그림책을 찾았는데 하나가 '비단치마'였습니다. 다른 건 맞지 않았습니다. 그래서 이 책을 선택했습니다.

2. 심청가를 읽은 아이들의 해석에 대해 어떻게 생각하나요?

- 수업자: 비단치마를 읽을 것이니까 괜찮다고 생각했습니다. 다른 삶이 있으니 그 삶에 대해 이야기해 보면 다르게 생각할 수 있을 것이라 생각했습니다.
- 질문자: 우리 모둠에서는 심청가에서 찾은 사랑과 도움, 자기의 삶에서 찾은 사랑과 도움에서 정도의 차이가 크다고 생각했습니다. 수업자는 어떻게 생각하십니까?
- 수업자: 좀 더 생각을 해 봐야겠습니다.

3. '심청전', '비단치마' 두 이야기에서 '마법의 설탕 두 조각'으로 넘어가는데 그렇게 넘어가게 된 연결점이 무엇인가요?

- 수업자: '심청전', '비단치마' 이야기가 막연한 이야기입니다. 너무 막연한 이야기라서 극단적인 이야기들을 했다고 생각했습니다. 그래서 아이들과 가까운 이야기를 선택했습니다. '마법의 설탕 두 조각'을 할 계획은 있었는데 '심청'전을 수업하고 나니 더 명확해졌습니다.

4. 큰돌이도 보내라고 아이들이 외쳤는데 그때 정확한 표정이나 상황, 그걸 본 선생님은 아이들이 진심이라 생각했나요?

- 수업자: 아이들이 큰돌이가 가면 안 된다고 했던 것이 동생 때문이라고 했습니다. '큰돌이가 혼자 남았을 때 아버지에게 받을 고통을 어떻게 견딜까?', '영미 때문에 남겠다고 했는데 영미가 가 버리니 어떻게 살아야 하나?' 하고 충격을 받았던 것 같습니다.

- 질문자: 그래도 가족과 함께 살아가야 한다고 애쓰고 있는 것이 보입니다. 그건 아이들이 가족 공동체를 지켜야 한다고 생각하기 때문이라 생각합니다. 공동체의 기쁨을 느끼고 있진 않지만요. 아이들 가족공동체, 새로운 가족 모습에 대해 염두해 두고 있는 활동이 있나요?
- 수업자: '밤티마을 큰돌이네'를 고른 것에 그 의도도 있습니다.
- 질문자: 어떤 활동이 있을까 고민이 됩니다.

[기록자의 생각]

- 수업 계획을 어느 정도 정하는지, 책은 어떻게 정하는지, 책의 순서는 어떻게 하는지, 교사의 의도는 무엇인지 질문을 받을 때 마음이 뜨끔했다. 주제나 책을 선택할 때 깊이 있는 고민은 없었다. 그저 아이들과 이런 이야기를 나눠 보고 싶다 정도였다. 정말 아이들이 이야기를 나눠 줘서 가능한 수업이었다.

수업은 책 읽고, 질문을 하고, 자기 생각을 말하고, 깊이 있게 이야기 나누고, 글 쓰는 과정을 반복했다. 주제도 미리 정해놓았고 어떤 이야기를 나누고 싶은지 생각도 했는데 그에 맞는 책을 찾기는 어려웠다. 그래서 그림책 모임에서 알게 된 책, 온 작품 읽기 에서 추천해 준 책에서 골랐다. 순서는 쉽게 읽을 수 있는 것을 앞에 두고 글이 많은 것은 뒤쪽에 두었다. 나는 책, 이야기 나누고 싶은 장면, 질문을 준비해 갔다. 처음에는 아이들이 어떤 이야기를 할지 예측이 안 돼 당황하기도 했지만 점점 아이들의 특성이 두드러지니 다음에 어떤 질문을 해야 할지, 어떤 장면을 가지고 와야 할지 감이 왔다.
책의 순서를 깊이 있게 생각하지 않았다. 가족에 대해 다양한 이야기를 나눠 보고 싶어서 네 권을 책을 정했고 글이 적은 것부터 봤다. 순서가 달라지면 어떤 분위기가 만들어질지 궁금하다. '심청가'는 '비단치마'를 위해서 읽었는데 아이들이 생각하는 나는 이래야 하고 가족은 이래야 한다는 마음을 본 것 같다. 책을 읽어 나가면서 그 생각의 틀이 깨져 나가는 모습이 흥미로웠다. '밤티마을 큰돌이네'을 읽으면서 아이들의 적극적인 생각, 마음이 더욱 드러났다.

- 밤티마을 2차시까지 수업을 하고 기록을 나눴다. 밤티마을은 12차시까지 수업을 했는데 밤티마을 뒤 이야기 중 하나를 들려 드리고자 한다. 밤티마을에는 입양 가족, 재혼 가족이 나온다. '입양'하면 떠오르는 말을 모았고 이것을 질문으로 만들어서 이야기를 나눴다. 처음엔 입양 아이는 불쌍하고 부모는 아이를 버린

사람이라 생각했다. 관점을 다르게 아이의 보호와 민원에 대해 어떻게 생각하는지, 아이를 다른 곳에 맡길 수밖에 없는 상황에서 사회와 이웃은 무엇을 해야 하는지, 나라면 어떻게 할 것인지 이야기를 나눴다. 그러면서 아이들은 영미를 보면서 입양에 대한 긍정적인 표현을 적극적으로 하였다. 각자가 생각하는 가족은 사람마다 다르고 자기가 정하는 것이라고, 그러니 다양한 가족을 인정해 줘야 한다고 했다. 밤티마을 마지막 시간에 내가 생각하는 가족에 대해 글을 썼다. 아이들이 가족을 생각하는 솔직한 마음이 담겨 있어서 좋았다.

위 내용까지가 (1)오 선생님의 수업 기록을 읽고 (2)8명의 모임 회원이 두 모둠으로 나누어 (3)총 9개의 질문을 만들어서 대화를 나누는 과정이었습니다. 우리가 이렇게 기록을 두고 질문을 만들어서 나누는 이유는 기록으로 드러난 수업의 세계를 이해하기 위해서입니다. 그러다 보면 점차 이 수업과 연결된 여러 의미들이 보이게 되고 그 의미를 어떻게 연결해 가야 할지 방향을 잡을 수 있게 되는 것입니다. 따라서 질문 나누기가 끝이 나면 자연스레 이 수업에 연결된 의미의 조각들을 찾는 활동으로 이어지게 됩니다.

맥락에 따른 의미 찾아내기

수업 기록을 두고 질문을 나누다 보면 많은 의미의 조각들을 찾을 수 있는데 그것을 맥락에 따라 구성해야 합니다. 여기서 맥락을 주어진 객관적 실체로 이해해서는 안 됩니다. 오히려 반대로 대화 과정에 있는 교사 집단에 따라 독특하게 조망되어지는 어느 한 측면으로 받아들여야 할 것입니다. 때문에 어느 맥락이 맞고 어느 맥락이 틀린다는 식의 논쟁은 큰 의미가 없다고 하겠습니다. 다시 말해 맥락에 따라 의미를 구성한다는 것은 대화에 참여한 교사 집단(학습 공동체)이 수업자와 아이들을 이해하는 방식이 되는 것이고 이후에 연결되는 수업의 방향키가 됩니다.

맥락은 삶프로젝트에서 아주 중요합니다. 맥락을 달리 표현하면

'이야기'가 됩니다. 이야기에는 흐름이 있고 그 흐름에는 이유가 있습니다. 다시 말해 이유를 찾아내서 이야기로 구성되는 것이 곧 맥락인데 이것은 이야기 속에 나오는 인물들(교사와 아이들과 학부모)의 삶의 의미이기도 합니다. 삶프로젝트에서는 이 이야기를 수업의 핵심으로 가져오려 하는 것입니다.

학습 공동체는 기록에 드러난 교사의 행동이나 말, 아이들이 주고받는 말, 상황들이 어떻게 아이들에게 의미로 다가갔는지 찾아야 합니다. 당연히 의미 찾아내기도 함께 읽기에 참여한 구성원들의 대화를 통해 해결해야 합니다. 대화자의 참여 속에서 의미를 구성하게 되는데 이렇게 함으로써 수업의 공동체성은 더욱 견고하게 됩니다.

특히나 맥락 구성에서 수업자의 관점이 중요해집니다. 수업 대화에 참여하는 사람에 따라 다양한 관점에서 의미가 드러나겠지만 이는 수업자의 관점과 연결점을 찾기 위한 노력의 과정이 되어야 합니다. 반대로 수업자와는 무관하게 대화 참여자들이 자기의 관점으로 맥락을 잡아 나간다면 이후에 실제로 수업에서 아이들과 만나야 하는 수업자에게는 큰 도움이 안 될 수도 있습니다. 의미의 조각들을 연결해서 맥락을 만들어 가는 대화는 수업자를 위한 일임을 분명히 해야 합니다. 이는 수업자가 원하는 방향으로만 맥락을 짜맞추어야 한다는 뜻은 절대 아니며, 대화 과정에서 수업자에 대한 충분한 이해와 조율이 뒤따라야 한다는 뜻입니다.

아래 내용은 수업자의 기록을 함께 읽고, 회원들이 모둠을 나누어 질문과 답변을 주고받은 후, 그 결과를 가지고 수업 속에서의 학습자의 의미를 찾아내기 위한 대화 과정을 정리한 것입니다. 대화 참가자들은 이 대화 과정에서 자기는 알아채지 못한 여러 의미들이 곳곳에 드러나 있음을 알게되고 그것을 어떻게 맥락으로 구성해야 할지 고민하게 됩니다. 맥락은 주관적인 수업의 세계를 이해하기 위한 길이 됩니다.

당시에 의미 찾기 과정을 진행하며 나누었던 참가자들의 대화 내용은 아래와 같습니다.

- 자, 그럼 기록에 드러나는 의미를 찾아보겠습니다. 일단 심청 이야기 2차시까지가 한 단락인 것 같습니다. 심청 이야기를 통해 가족에 대한 자기 생각을 드러냈습니다.
- 근거가 되는 대화나 상황이 무엇입니까?
- '아버지를 위한 마음만이 아니라 자신을 위한 마음도 있어요' 라고 한 이야기가 비단치마를 입은 청이가 아버지만이 아니라 자기를 위해서도 생각하는 모습을 찾아낸 부분이라고 봅니다. 그런데 아이들이 헷갈려하는 것 같습니다. 그 전까지는 아이들이 자기가 가족에게 맞춰야 하고 희생해야 한다고 생각했는데 자기 생각도 하게 되었습니다.
- 절대적인 효를 다해야 한다는 생각도 있었는데, 4학년 아이의 이야기에서 맹목적인 효가 아니라 상호 간의 삶이 보장되는 효를 생각해 보는 계기가 되었다고 생각합니다.
- 그 전에는 아빠니까 구해야 한다고 생각했는데 여기에서 헷갈려합니다. 내 삶을 무조건 효를 위해 바쳐야 한다는 걸 다시 검토해 보는 계기가 된 것 같습니다.
- 가족 간에 배려해야 하는 것이 효라고 생각해서 그런지 자기의 욕망을 잘 못 드러냈는데 비단치마 이야기를 읽으면서 4학년 가족 안의 개개인을 보게 되었습니다. 나의 욕구가 무엇인지를 봤다고 생각합니다. 나의 새로운 발견, 균열이 그런 의미입니다.

- '마법의 설탕 두 조각'에서는 말의 분위기가 전혀 다릅니다. 각각 책을 읽을 때마다 아이들의 말의 결이 달라집니다.
- 심청이를 읽을 때는 효심, 배려, 이런 이야기를 합니다.
- 잠깐! 그건 아이들의 이야기가 아니라 그 부분은 이 책이 어떤 책이냐에 대해서 아이들이 대답을 한 부분입니다. 아이들의 생각이 아니라 이 책이 어떤 책인지 이야기를 한 것입니다.
- 40쪽에 보면 심청이 비단치마는 영화 같은 이야기에 나를 대입하는 것이고, 마법의 설탕 두 조각은 '아이들이 나였다면 어땠을 것이다', '내 말을 안 들으면 설득을 해야 한다', '상세하게 설명해야 한다' 이런 이야기를 한 것입니다. 이 부분들이 갈등 상황에서 수용하는 방식이 아니라 자기가 능동적으로 찾아가는 과정 중에 하나라고 봤습니다. 40쪽에서 41쪽까지가 내가 바로 서는 것이 어떤 방법인지 고민하고 결론을 내리는 과정이라 생각합니다.
- 아이들이 읽는 책마다 다르다고 하는 것은 책을 읽은 다음 어떤 책인지 이야기를 하다 보니 달라진 것이고, 올바른 가족 관계를 위해 어떻게 해야 하는지를 찾아가는 과정이라는 뜻에서 의미가 있었다고 생각합니다.
- 나는 아이들이 무엇인가를 찾아가는 과정이라기보다는 아이들이 표현을 하는 결이 다르다고 느꼈습니다.
- '마법의 설탕 두 조각'을 첫 번째로 읽고 '심청전'을 읽으면 이야기가 달라졌을 것입니다.
- 35쪽 책 내용을 말했는데 그것이 아이들이 자신의 생각을 반영한 것이라 생각합니다. 가족에 대해 어떤 세세한 생각이 투영된 것인지 생각해 봐야 합니다. 심청가를 왜 이렇게 읽었는가를 생각해 봐야 합니다.
- "이 책에서 중요한 것이 무엇이었나?" 하고 물었으니 책에서 말하고자 하는 것을 자기 생각의 투영 없이 말한 것이라 생각합니다.
- 겉으로 드러나는 말과 아이들의 생각에 불일치가 일어난다고 생각합니다. 아니면 자기가 처한 상황이 너무 일상화되어 있어 마음 아픈 이야기도 편하게 잘 하고, 또 자신과는 다른 효도 이야기를 하고 있습니다. 심청가에서는 맹목적인 효도 이야기를 하다가 비단치마에서는 효도 이야기와 자기 이야기, 또 '마법의 설

탕 두 조각'에서는 오롯이 자기 이야기를 하고 있습니다.

- 이야기의 의도에 따라 읽는 아이들의 반응이 달라집니다.
- '마법의 설탕 두 조각'에서는 평소에 일어나기 쉬운 갈등이라 마음의 벽이 무너져 자신의 이야기를 한 것이고, 심청가에서는 전혀 다른 가족을 위해 자신을 바친다는 것이다 보니 자신의 생활과는 다른 이야기를 하게 된 것 같습니다.
- 힘든 상황에서 더 가족애가 생기기도 합니다. 불일치가 아니라 자기와 가족 간의 관계를 생각해 보는 계기가 되었다고 생각합니다. 불일치가 있다고 생각하고 이 수업이 끝나도 계속될 것이라고 생각합니다. 이 수업을 통해 위로를 던져야 하는 것 아닌가 했었는데, 사실 누구도 위로를 줄 수는 없습니다. 드러내는 것이 중요하다고 수업자가 말씀하셨는데, 여러 생각을 하면서 가족에 대해 생각해 보는 계기가 된 것입니다.
- 불일치일 수도 있고, 아이 속에 존재하는 여러 모습입니다. 아이 마음에는 배려, 희생도 있고 힘든 일도 있을 것입니다.
- 마주하기라면 드러내기 껄끄러워 하는 부분을 드러내는 것을 마주하기라고 생각합니다. 그런데 둘 다 마음속에 있는 것이라면 굳이 하나만을 선택할 필요는 없습니다. 희생과, 효, 자기 자신에 대한 생각도 있을 수 있습니다.
- 부정적인 감정을 마주하는 것을 어려워하는 아이들도 있습니다. 부정적인 감정을 드러내는 것을 터부시하는 것입니다.
- 부정적인 감정을 드러내는 것이 필요한가요?

[기록자의 생각]

- 5학년 아이 셋은 비슷한 정서를 공유하고 있다. 누군가를 챙기는 데 익숙하고 감정을 표현하기보다 담아 둔다. 가족을 위해 내가 노력해야 한다는 생각이 있고, 내 생각을 표현하지 못해 불만이 큰 것도 있다. 책에 제시된 상황에 따라 앞의 마음이 나타나기도 하고 뒤의 마음이 나타나기도 한다. 그런 와중에 4학년 아이는 상황마다 5학년 아이한테선 나올 수 없는, 전혀 다른 관점의 생각들을 말한다. 5학년 아이들은 그 말을 듣고 자기 생각에 고민하고 흔들리고 헤맸을 것이다.

> 나는 아이들을 지켜보면서 이 과정이 수업의 핵심이라 생각했다. 생각의 틀이 바뀔 수도 있다는 것, 다른 관점에서 생각할 수 있다는 것을 아이들이 경험하고 있었다. 그러면서 당위가 아닌 내가 가족을 무엇이라 생각하고, 가족에게 무엇을 바라고, 나는 무엇을 할 것인지 고민하길 원했다. 책의 순서가 달라지면 다른 이야기가 펼쳐질지도 모른다. 하지만 큰 맥락은 아이들의 생각이 변하고 있다는 것이다. 나는 책을 통해서 아이들이 자기 생각이 맞나 의심을 하고, 헷갈려하고, 다른 생각을 가져오면서 생각하고 느낄 수 있는 범위를 넓히길 바란다. 그리고 자기 삶에서 껄끄럽고 불편한 부분을 들여다보고, 드러내고, 행동으로 이어진다면 이것이 삶을 마주하는 힘이 아닐까 생각한다. 이것을 어떻게 수업으로 구현할지는 더 고민해 봐야 한다.

위의 내용을 차근차근 살펴보면 하나의 수업 안에서, 수업자에 의한 기록에 드러나는 다양한 측면에서의 의미를 살펴보는 대화자들의 모습과, 그 다양한 측면의 의미를 맥락 속에서 구성해 보려는 학습 공동체의 노력을 확인할 수 있습니다. 그리고 그 대화에는 앞서 밝힌 수업의 세 가지 성격을 헤치지 않으려는 노력들이 깃들여 있음을 알 수 있습니다.

질문하기와 맥락에 따라 의미찾기가 포함된 함께 읽기 대화 과정이 끝난 후에 오 선생님은 아래와 같은 워크숍 소감을 적었습니다. 함께읽기의 주된 참여자는 기록을 읽는 사람들이지만 이들끼리의 대화가 수업자에게 어떠한 영향을 미치는지 알 수 있는 대목이기도 합니다. 대화 과정 이후의 수업자 소감은 수업자의 자기 변화(성장)를 확인하기 위해 꼭 필요한 부분입니다.

삶 프로젝트 모임에서 두 번에 걸쳐 수업 기록을 같이 읽고 질문 만들기-의미 단락 나누기-의미 해석하기를 했다. 자기 기록을 다른 사람 앞에서 소리 내어 읽는 경험, 내 수업으로 긴 시간에 걸쳐 조심스럽게, 깊이 있게 이야기 나누는 경험은 정말 특별했다. 보통은 수업에 대한 평가, 조언을 하는데 이곳에서는 궁금한 것을 질문하고 그 질문이 적절한지 대화를 나눴다. 질문은 수업자의 세계에 들어가는 문이라는 표현이 좋았다.

첫 시간에 긴장을 많이 했는데 평가에 대한 부담을 덜고 답을 할 수 있었다. 두 번째 시간에는 질문 만들기에서 나아가 의미 단락을 나누고 해석을 하였다. 나는 수업 상황에서 아이들과 같이 우리들의 이야기를 만들어 나가고 싶었다. 실제로 내가 생각하지도 못한 반응과 의견이 나오고, 서로 영향을 받아 생각에 변화가 일어나고, 함께 만들어 나간 우리들의 이야기가 있었다. 기록을 하면서 돌아보긴 했지만 혼자만의 생각, 느낌이라 정말 어떤 것인지 선생님들과 나눠 보고 싶었다.

질문을 만들고, 의미 단락을 찾고 해석하는 선생님들의 대화를 들었을 때 다시 수업했던 장면 속으로 들어가 아이들의 표정과 말, 그때의 분위기, 내 생각과 느낌들이 살아나는 것 같았다. 내 관점에서는 생각하지 못했던 다양한 의미와 해석들이 나오는데 선생님들마다 각자 특성, 개성대로 아이들, 나, 수업을 바라보고 있다는 생각이 들자 각각 의견들이 맥락이 있는 의미로 다가왔다. 수업 나눔 자리에서 나는 선생님들 질문에 대답하고, 의미 단락 나누기와 의미 해석하기에서 공감하고 놀라워했다.

그렇게 잘 듣고 대답만 했는데 이제는 내가 선생님들 대화를 읽고 나대로 의미 해석을 적어야 한다. 뭐라고 써야 할지 막막해서 고민을 계속 하다가 '우리가 찾은 의미가 수업한 선생님에게 의미가 있나요?'란 말을 봤다. 선생님들이 대화를 나누는 동안 나는 수업 장면을 떠올리며 어떤 것은 확신 있게, 어떤 것은 새롭게, 어떤 것은 반대의 의미를 더해 갔다. 막연했던 것들이 선명해지고, 이야깃거리가 많은 수업 장면을 좋아하게 되었다. 다시 살펴보면서 나대로 의미를 덧붙여 보겠다.

학습자의 의미 해석-공동체의 맥락과 개별적 맥락

함께 읽기가 마무리되면 수업의 의미를 해석해야 합니다. 의미 해석은 아이의 입장에서 보통 한두 문장으로 정리하게 됩니다. 질문하기 과정에서 이미 충분히 밝혔듯이 의미 해석도 공동체 안에서 서로 논의를 해서 정리해야 합니다. 그 이유는 질문을 수업 공동체 안에서 같이 만들어야 하는 이유와 다르지 않습니다.[15] 여기서 해석된 의미는 앞으로 이어질 수업 과정을 어떤 방향으로 구성해야 하는지에 대한 결정적인 키워드가 됩니다. 그리고 연결되어 이야기 구조로 맥락을 이루게 되는데 우리는 그것을 '프로젝트'라 부릅니다. 수업자에게나 아이에게나 의미 있는 이야기가 되기 때문입니다.

그런데 이 맥락은 공동체의 맥락과 개별적 맥락으로 나누어 살펴볼 필요가 있습니다. 우리가 흔히 수업 기록을 가지고 대화를 나누고 그 의미를 정리하게 되면 이것은 곧 공동체의 맥락이 됩니다. 수업에 참여했던 반 아이들 모두가 공유하는 맥락이 되는 것입니다. 이 공동체의 맥락은 교사의 판단에 따라 크게 영향을 받을 수밖에 없습니다. 왜냐하면 수업이나 기록이 교사의 안목에 따라 크게 영향을 받으며 진행되기 때문입니다. 물론 그 과정에 참여하는 학습 공동체의 영향

---

15) 수업은 지극히 주관적인 인식의 반영이며 굉장히 다양한 맥락으로 이해될 수 있다. 의미 해석은 주관적 인식을 바탕으로 수업 안에 존재하는 수많은 맥락 중에 하나를 드러내는 것이다. 이 과정에서 수업 공동체는 서로 대화를 나누면서 주관적 인식이 갖는 한계를 뛰어넘어 새로운 세계를 만날 수 있게 서로를 돕게 되며 곧 성장의 발판을 마련하게 된다.

을 받지만 말입니다. 아무리 의미 해석을 아이들의 입장에서 서술한다 하더라도 어른인 교사의 역할은 참으로 큽니다.

여기서 우리가 주의를 기울여야 할 점이 있습니다. 공동체의 맥락 안에 있는 아이들 개개인의 참여 모습을 살펴보면 또 각기 다르다는 점입니다. 공동체의 맥락을 중심으로 참여의 정도나 모습이 달라지는데 이것을 개별적 맥락이라 부릅니다. 개별적 맥락의 이해는 평가와도 직결되기 때문에 수업자가 기록의 과정에서 반드시 별도로 첨부해 둘 필요가 있습니다. 주로 아이들의 활동지나 산출물, 대화 과정 등이 여기에 해당하겠습니다. 그래서 공동체의 맥락이 그 수업의 의미로 해석된다면 그것을 준거로 해서 아이들의 개별적인 산출물이나 대화 과정 등을 살펴보게 되고 이것이 곧 평가가 됩니다.[16] 아쉽게도 이번 오 선생님의 수업 대화 과정에서는 아이들의 개별적인 참여 모습까지는 살펴보지 못했습니다. 하지만 이후 몇몇 삶프로젝트 기록에서 조금씩 그러한 노력들이 드러날 것입니다. 이것들을 어떻게 읽어가야 할지는 또다시 숙제로 남길 수밖에 없게 되었습니다.

개별적 맥락에 대한 이해는 결과로 맺기 위한 평가가 아니라 이후 수업의 실천 과정으로 순환되는 열쇠 역할을 한다고 했는데, 이것을 굳이 요즘 유행하는 말로 바꾸어 말하자면 과정 중심 평가가 그것입니다. 즉 과정 중심 평가는 이해와 실천의 순환 과정으로써 의미가 있

16) 사실 여기서 굳이 평가라는 개념을 가져오기가 편하지는 않습니다만 기존의 평가와 관련지어 이야기하면 좀 더 분명하게 이해될 수 있는 부분이 있어 이런 설명을 붙여 봅니다.

다 하겠는데 일선 현장에서는 많은 오해들이 있는 것 같습니다. 이에 대한 논의는 별도로 더 진행될 필요가 있습니다.

오 선생님의 수업 대화 과정에서 있었던 함께 읽기 후의 의미 해석 과정을 정리한 것을 아래에 옮겨 봅니다. 아래에 정리된 의미 해석들을 지금까지의 삶프로젝트 모임의 철학이 반영된 것이라 할 수 있습니다. 수업에 대한 우리의 철학은 어슬프나마 앞 1장에서 이미 밝혔지만 앞으로 우리의 노력들을 쌓아 가면서 보완하게 될 것입니다. 그리고 이 철학을 해석의 틀로 하여 아래에 기술한 여러 구체적인 의미 해석들도 철학과의 연관성을 살펴보며 앞으로 끊임없이 변화하고 정리해 가야 할 숙제를 안고 있는 부분입니다.

의미 해석하기

<첫 모둠의 첫 번째 의미>

36쪽, 첫째 줄 책의 의미가 딸의 희생이지 왜 가족에 대한 사랑이냐고 물어본 교사의 질문에 의해서 심청의 입장과 더불어 심학규의 입장도 돌아보게 되었다. 그래서 가족의 사랑을 좀 더 구체화시켜 말할 수 있게 되었다.

- 그 전에는 심청의 희생만을 본다면 목숨을 버리는 큰 사랑만 생각했을 텐데, 아이를 키우는 사랑도 있다는 것을 생각하게 되었다. 그래서 심학규가 딸을 위해 노력하는 모습을 자기 가족에게서 찾을 수 있게 되었다. 보통 가사 노동이나 직업적인 이야기를 하는데 충분히 공감할 수 있는 이야기를 하였다.

<첫 모둠의 두 번째 의미>

37쪽, "저는 비단치마에 나오는 청이가 더 인간적이라서 마음에 들어요"라는 말이 희생하는 것이 당연하다는 5학년 아이들의 생각에 변화를 일으켰다.

- 비단치마를 교사가 가져왔을 때 바로 생각의 변화가 일어날 것이라고 예상을 했었는데 4학년 아이의 이야기가 있은 후에 5학년 아이들의 생각에 변화가 있었다.

<첫 모둠의 세 번째 의미>

41쪽, 아이들은 부모의 입장이 되어 어떤 아이가 좋은지 생각해 보는 활동을 통해 아이들은 꼭 필요할 때는 부모와 자식이 나름의 이유를 들어 반대할 수 있음을 말하게 되었다.

<첫 모둠의 네 번째 의미>

큰돌이가 부잣집에 가야하는지 가지 말아야 하는지 토론을 통해 아이들은 큰돌이가 가면 안 된다고 자신의 생각을 정리하게 된다. 그런데 책의 전개가 자신의 생각과는 달리 영미가 가게 되자 자신의 의지를 담은 큰돌이도 보내라는 목소리를 내게 되었다.

- 그 전에는 선생님의 질문, 자신들이 만든 질문의 답을 찾기 위한 활동을 했는데 이제는 드디어 자발적으로 자신의 목소리를 내게 되었다.
- 학습 상황에서 수동적으로 따르다가 이제 아이들이 자신의 말을 하게 되었다.

[기록자의 생각]

- 나는 비단치마를 같이 읽고 자기 삶을 사는 심청에 대해 이야기를 나누고 싶었다. 비단치마가 심청 이야기의 패러디물이라 심청 이야기를 먼저 알아야겠다 싶어서 심청가를 먼저 읽었다. 심청 이야기를 생각해 보면 부모에 대한 효만 강조한다. 나는 다른 관점에서 심청 아버지가 심청을 어떻게 키웠는지 질문을 던졌고 가족의 사랑이 한쪽이 희생해야 하는, 일방적인 게 아님을 말하고 싶었다. 그래서 아이들도 부모님이 나를 위해 애써 주신 걸 구체적으로 떠올리지 않았나 싶다.

- 5학년 아이들의 변화는 중요하다. 앞으로 이것을 어떻게 이끌어 낼 것인지가 고민 지점이다.
- '마법의 설탕 두 조각'에서 아이들은 모든 것을 되돌려 놓기 위해 렝켄이 각설탕을 먹어야 한다고 했다. 부모의 키를 작게 만드는 것으로 자기가 원하는 것을 얻을 수 없다는 생각에서였다. 설득을 하든 다른 방법을 찾아야 한다고 했다. '마법의 설탕 두 조각'에서는 심청가, 비단치마를 읽었을 때보다 확실히 착하고, 참고, 희생하는 아이가 아니라 적극적으로 문제 해결에 나서는 아이로 말했다. 이를 확인하기 위해 내가 부모라면 말을 잘 들었으면 좋겠는지, 아니면 가끔씩 안 듣는 아이였으면 좋겠는지 물었다. 무조건 부모의 말을 따르는 아이가 아니라 자기 의견을 말하는 아이가 더 좋은 삶을 산다고 했다. 그래서 아이들도 필요할 때는 부모님 말씀에 반대를 할 수 있고, 설득을 할 수 있다는 걸 알았다. 아쉬운 것은 부모님을 설득하는 글을 주제를 잡고 써 보고, 실제로 변화가 있는지 봤으면 좋았을 텐데 2학기 수업을 계획할 때 이 부분을 중점으로 잡고 싶다.
- 아이들이 큰돌이도 보내라는 시위(?)하는 장면에서 아이들이 드디어 자발적인 목소리를 냈다는 말을 처음에는 이해하지 못했다. 중요한 장면이라는 건 알겠지만 앞으로 아이들의 목소리를 어떻게 이끌어 내야 한다는 건지 막연했다. 사회 수업에서 노동자와 농민이 시위를 하는 장면, 시민들이 민주주의를 위해 시위를 하는 장면을 보고 역시 자기 감정을 드러냈다. 아이들 내면에 변화를 위해 목소리를 내야하고, 행동을 해야 한다는 의지가 보였다. 수업에서 할 수 있는 것을 정리하면 아이들이 자기 삶에서 절실한 것, 문제라고 느끼는 것을 가지고 와서 글을 쓰고, 글로 다른 사람을 설득하고, 글을 통해 삶이 변한다는 걸 겪는 것이다. 시도해 보려 한다.

<두 번째 모둠의 첫 번째 의미>

35쪽, 아이들이 심청 이야기를 통해서 가족에 대한 자기의 마음을 생각해 보게 되었다.

<두 번째 모둠의 두 번째 의미>
비단치마, 가족 관계를 위한 배려, 자신의 역할을 생각했었는데 자신의 입장 자기 발견을 하게 되었다.

<두 번째 모둠의 세 번째 의미>
41쪽, 자기의 이야기를 생각해 보고 가족 관계에서의 자기 역할을 좀 더 능동적으로 생각했고 생각해야 하는 이유도 찾게 되었다.

<두 번째 모둠의 네 번째 의미>
마지막 큰돌이도 보내라 개인 간의 차이도 많고, 책의 선정에 따라 아이들이 흔들리는 장면이 있다. 그런데 여기에서는 자기의 목소리를 그대로 내었다. 가족의 울타리 안에서 이야기를 집중하고 있다. 특히 부모보다 형제의 입장에서 더 생각을 하고 있다. 부모 자식보다 형제간에 위로받고 의지하고 있는 것 같다.

[기록자의 생각]

- 〈네 번째 의미〉를 듣고 다음 차시 밤티마을 수업에서 형제, 자매, 남매에 대해 좋았던 기억을 나눴다. 아이들은 확실히 부모님보다 남매 이야기를 더 많이 한다. 형제에게 위로받고 의지하는 바가 컸다. 2명은 외동이지만 한 아이는 집에서 기르는 개와 고양이를 동생처럼 생각하고, 한 아이는 집에서 기르는 식물과 사촌 이야기를 한다. 내가 생각하는 가족의 범위에 들어갈 정도다.

워크숍을 마무리할 즈음, 수업자는 다시 삶프로젝트 수업 대화 과정에서 새롭게 생각하게 된 것을 전체적으로 조망하며 글로 적었습니다. 이는 앞서도 말한 바 있듯이 수업 대화 과정이 어떻게 수업자에게 영향을 미치는지 엿볼 수 있는 대목입니다. 이는 기존의 일반적인 수업 협의와는 다른 경험을 삶프로젝트 수업 대화에서 하게 되었음을 밝히고 있으며 학습 공동체가 하나의 수업에 접근하는 방식에 대해서도 의미하는 바가 크다 하겠습니다.

수업자의 마무리 글

기록자의 생각을 적으면서 다시 수업을 돌아본 것 같다. 나름대로 의미를 부여하며 다음 수업을 어떻게 할지도 생각해 봤다. 올해 1학기 국어 수업, 복식 수업에 대한 고민 때문에 시작했고 서툴렀지만 해 봤더니 깨닫는 게 분명 있다. 이렇게 해도 되나 싶을 정도로 읽고, 말하고, 글을 쓴 것이 수업의 전부였지만 재미있었다. 아이들이 나누는 말들은 하나하나 흥미로운 이야깃거리였다. 아이들을 보고, 영감을 얻고, 기록으로 남길 수 있어서 좋았다. 2학기 때는 아이들이 만들어 가는 이야기가 더욱 풍성했으면 좋겠다.

따로읽기2 해석의 틀 - 발달과 성장에 대한 이해

수업이 아이들에게 어떤 의미가 있는가를 이해하기 위해서는 해석의 틀이 필요합니다. 똑같은 수업을 보고도 어떤 해석의 틀을 사용하는가에 따라 수업자가 가지는 수업의 의미나 맥락은 크게 달라질 수밖에 없습니다. 그것은 당연한 것이며 앞에서도 언급한 수업의 주관성과도 관계가 있습니다. 우리 교사들은 '해당 수업의 배움 활동이 아이들에게 어떤 의미가 있는가?'를 이야기할 수 있는 해석의 틀을 준비해야 합니다. 달리 말하자면 '무엇을 성장으로 볼 것인가?'를 말할 수 있어야겠습니다.

지금은 기껏해야 교육 과정에 있는 성취 기준의 도움을 받는 정도인데 이에 대한 우리들의 이야기가 좀 더 준비되면 훨씬 좋겠습니다. 아이들을 좀 더 깊이 이해하고 이후 수업 활동을 구성하기 위해서 필요한 부분입니다. 아이들을 수업 속에서 맥락적으로 이해하는 것은 중요하며 그것 때문에 국가 수준 교육 과정에서도 교육 내용이나 성취 기준의 재구성을 요구하고 있습니다.

먼저 우리 주변에서 들을 수 있는 발달과 성장에 대한 이야기를 해 봅니다. 성장, 발달, 배움… 요즘 이런 말들이 엄청나게 많이 사용되고 있습니다. 특히 혁신 교육을 이야기하는 곳에서 이런 낱말을 빼고는 대화가 힘들 지경입니다. 아무래도 과거에 사용하던 학습, 공부, 성취도 이런 말들로는 아이들을 읽어 내는 데 한계가 있다는 것을 인정하기 때문에 그런 것 같습니다. 새로운 개념들이 필요한 것이지요.

문제는 이 '성장에 관한 새로운 개념'(해석의 틀)을 마련하는 것이 쉽지 않다는 것입니다.[17] 성장에 관해 교사들 각자가 머릿속에 그리

---

17) 지금껏 한국의 교육 상황은 급변해 왔습니다. 잦은 교육 과정의 개정, 갈팡질팡하는 입시 제도, 학력 중심의 사회적 분위기, 고학력자들의 실업률 증가 등은 학교가 어떤 역할을 할 것인가에 대한 큰 질문을 던져 주었습니다. 그리고 그 질문들에 학부모는 물론 현장의 교사들조차 쉽게 답할 수 없는 상황이 지금입니다. 따라서 '성장'에 대한 답, 즉 아이들의 학습 의미를 해석하는 틀은 교사들 사이에 굉장히 폭넓은 스펙트럼을 가지게 되었으며 대화를 통해 정리해 가는 데 어려움을 겪고 있습니다.

는 그림은 다 다른 것 같기도 합니다. 뭔가 어렴풋이 느낌은 같은 것 같기도 하지만 구체적으로 그리는 그림은 다 다르기에 막상 교육 활동에 대해 이야기하거나 실천 과정을 들여다보면 그 온도 차가 상당합니다. 그 차이는 '아이의 어떤 부분을 중심으로 바라볼 것인가?'에 대한 관점의 차이에서 생기는 것 같습니다. 어떤 곳에서는 한 아이의 경험 내용과 의미를 소중하게 들여다보기도 하고, 어떤 곳에서는 영성의 감동과 성숙이 어떤 활동을 통해 일어나는지를 보고, 어떤 곳에서는 지적 활동의 즐거움이 어떤 상황에서 일어나는지를 살펴보기도 합니다.

이제 '무엇을 발달과 성장으로 볼 것인가?'라는 문제에 다가서려 합니다. 그런데 이 두 낱말의 구분이 좀 모호합니다. 더군다나 두 낱말의 의미에 대해 나름대로 이야기하다 보면 그 모호함은 더욱 커집니다. 발달과 성장, 학습과 배움을 이야기하는 여러 글을 읽다 보면 뭐가뭔지 분명하게 이해하기 어려워서 오히려 혼란스럽기도 합니다. 어떤 곳에서는 굳이 이 둘을 구분하지 않고 사용하는 것 같기도 합니다.

삶프로젝트 모임에서 '발달'은 "학교 안에서 이루어지는 '배움'의 방향과 깊이를 결정짓는 아이의 내면과 신체에 관한 배경적 요인이 충족된 정도"라고 정의를 내립니다. 신체적인 조건, 정서적인 바탕, 배경적 지식 등이 여기에 해당합니다. 얼마나 건강한 몸으로 여러 활동에 대한 준비가 되어 있는지 중요할 것입니다. 정서적인 바탕이 어떤가는 배움에서 거의 결정적인 역할을 하다시피 합니다. 화, 우울, 기쁨, 슬픔, 분노, 행복, 증오 등 여러 가지가 있겠으나 배움 활동에서는 특히 '자존감'이 큰 영향을 미칩니다. 이 자존감은 배움 활동에서 엔진과도 같은 역할을 합니다. 자존감의 높음 정도가 중요한 요인이 되겠습니다. 당연히 배경지식 또한 중요한 역할을 합니다. 여기서 말하는 배경지식은 여러 관계와 상황 속에서 의미화되고 구조화된 그 아이의 지식 체계를 뜻합니다. 구조화된 지식 체계는 이후에 이루어지는 배움 활동의 의미를 찾을 수 있도록 하고 여러 방법으로 표현될 수 있도록 돕습니다. 구조화된 지식 체계는 주로 말과 글을 통해서 확인할 수 있는데[18] 자기의 지난 경험을 얼마나 체계적으로 표현할 수 있는가로 가늠할 수 있습니다.

정리하자면 학교에서 이루어지는 배움은 아이의 발달을 배경으로 여러 관계 속에서 이루어진다고 할 수 있습니다. 결국 '발달'은 '배움-학습'을 가능하게 하고 이 '배움'은 '발달'을 더욱 촉진하게 되면서 서로 순환 관계 안에 놓이게 되는 것이지요. 이 순환 관계가 발달과 배움, 성장을 모호하게 만드는 이유가 되기도 합니다.

앞에서 말한 '발달'과 '배움'의 순환 관계 안에서 사람은 당연하게 변화의 과정을 겪게 되는데 이 "배움으로 인한 나와 공동체의 변화를

18) 말과 글 외에도 그림, 노래, 표현된 악보, 악기 연주, 사진, 조형물 등으로도 구조화된 지식 체계, 즉 아이에게 의미화된 상징적 배경을 알아볼 수 있다. 하지만 우리는 말과 글이 인지 체계를 의미롭게 구성하는데 핵심적인 역할을 하고 있다고 본다. 언어로 정서적인 부분뿐만 아니라 지식에 관한 체계도 표현할 뿐만 아니라 새로운 것을 재생산하기 때문이다.

알아채고 이해하며 그 의미를 표현할 수 있게 되는 것"을 성장이라고 여깁니다. 아무리 많이 익히고 변하더라도 그것이 읽히지 않을 때 '성장'이라고 할 수 있을까요? 모든 생명체는 변화 과정을 겪습니다. 하지만 유일하게 사람만이 그 변화 과정을 알아채고 그 의미를 드러낼 수가 있는데 그것이 바로 '성장'입니다.

그렇다면 성장의 핵심 요소는 바로 '변화를 알아채고, 그 의미를 해석하는 일'라 할 수 있겠습니다. 즉 성장을 함께하는 교육이란 "아이들의 발달과 상황을 이해하고 그것을 배경으로 배움을 구성해서 서로가 어떻게 변화하는지를 읽어 내고 해석하는 일이다"라고 정리할 수 있습니다. 이것은 삶프로젝트 모임에서 가지는 해석의 틀이기도 합니다.[19] 참 쉽지 않은 일입니다. 배경(상황)이해-교육 과정 실행(평가)-의미 해석이 모두 교사의 일이라니…. 어찌되었건 무엇을 성장이라고 볼 것인지가 중요하다 할 수 있겠습니다.

이러한 우리의 철학을 바탕으로 삶프로젝트 모임 회원들이 구체적으로 현장에서 아이들과 생활할 때 변화된 자기와 아이들의 모습(성장)을 이렇게 담아내기도 했습니다.

---

19) 이 해석의 틀은 굉장히 폭이 넓어서 대화 과정에서 많은 시간과 배경 이론들을 요구한다. 많은 경우 수업 대화가 '배움을 구성'하는 데 초점이 잡혀 있는데, 수업의 맥락성을 유지하기 위해서는 좀 더 폭넓게 수업을 바라보는 안목과 대화 절차가 필요하겠다. 그래서 삶프로젝트 모임에서는 '수업의 구성' 단계 앞뒤를 깊이 있게 바라보는 대화 절차를 모색해 왔다.

◎ 나의 변화

- 클릭질과 교과서에서 벗어나 수업을 하게 된 것
- 교과서가 아닌 교육 과정을 보게 된 것
- 아이들의 삶을 배움으로 연결지으려 하게 되고 지금의 배움이 아이들의 삶에 어떤 영향을 미칠지 생각하게 된 것
- 아이들의 이야기를 앉아서 두 손 잡고 듣게 된 것
- 아이들의 일을 혼자 결정하지 않게 된 것
- 수업 이야기를 나누게 된 것
- 나에게 성장은 이런 모습들이다. 단순히 좋다, 싫다는 마음으로 어떤 일을 결정하던 아이들이 한 번의 경험으로 다음 번엔 다르게 해 보는 것. 변화가 일어나는 것이 성장이다.
- 변화가 또 어떻게 달라질지 모르고, 어떤 방법을 써야 변하는지는 늘 모르겠지만 수업을 고민하면서 교과서 내용보다 우리 반 아이 누군가의 이야기나 얼굴이 떠오르는게 참 좋다.

◎ 아이들의 변화

- 아이들이 주눅들지 않게 되고 자존감이 높아진 것 같다
- 모르는 걸 친구에게 물어보는 용기가 생겼다
- 모르던 걸 알게 되었을 때의 쾌감을 맛보게 되었다
- 다른 사람을 생각할 줄 알게 된 듯
- 내 것을 기꺼이 내어 주고 나눌 수 있게 되었다
- 교실에서 고구마랑 라면으로 요리 한번 하더니 또 하자고 졸라 댄다. 5학년 되면 실과라는 과목이 있어서 요리를 정식으로 한다고 했더니 내년에 담임해서 같이 하잔다. 내가 "내년에 학교에 나올 수 있을까?"라고 물었더니. 아기 데리고 와서 교실에서 수업하면 된단다. 같이 놀아 주고 달래 준다고 동생 돌본 경력을 들이민다. "똥도 쌀 텐데?" 했더니 창문 열고 환기 시키면 된다고 그 정도는 봐 주겠단다. "모든 직장 동료가 너희 같으면 애 낳을만 하겠네"라는 말이 나도 모르게 나왔다.

- 다모임도 싫고 동생도 싫어했던 4학년 친구들이 작은 운동회 두 번 하더니, 요즘은 자연스럽게 3학년, 6학년과 어울리는 모습이 보인다. 텃밭에서 6학년과 함께 하면서 울거나 삐질 만한 일인지 살피고 표현하는 ○○이, 남자애는 안 도와준다고 하고는 6학년 언니가 오빠들 도와주는 걸 보고 민승이 도와주는 ○○, 3학년 에이스와 동맹을 맺어서 피구를 재미없게 만든 ○○.

이제 우리에게 남은 일은 아이들의 성장을 담아낼 수 있는 해석의 틀을 구체적으로 만들어 가는 일입니다. 이것은 앞에서도 밝혔듯이 지금의 성취 기준과도 비슷한 모양을 띨 수도 있겠습니다. 물론 그렇지 않을 수도 있습니다. 어찌 되었건 해석의 틀을 철학적으로 몇 문장 늘어놓는다고 해결될 일이 아님은 분명합니다. 수많은 사례들과 문장들, 그에 대한 이야기들이 누적되어야 합니다. 당장 이 책에서 그 사례들을 싣지 못하는 것이 아쉽지만 우리 모두의 숙제임을 확인했다는 것으로 위안을 삼고자 합니다.

이어질 활동 계획 세우기

여기까지의 내용이 수업에 대한 이해에 관련된 것이라면 이제부터는 앞으로의 실천에 관한 내용입니다. 사실 수업에 대한 이해가 정리되면 수업자의 마음에서는 자연스레 앞으로 어떻게 나아갈 것인가에 대한 실천 방향, 즉 활동 계획이 서게 됩니다. 그것을 두고 학습 공동체가 여러 방향으로 대화를 나누면서 개괄적으로 조정하면 되겠습니다. 어떠한 형식으로 정리할 것인가는 수업자에게 달려 있습니다.

다만 수업자는 이후 활동 계획을 세울 때 어느 정도 예측이 가능한 범위에서 설계를 해야겠습니다. 또한 활동 내용을 상징으로 구체화시킬 수 있는 표현 활동, 산출물을 염두에 두어야겠습니다.[20] 이 산출물은 아이들이 자기의 활동을 정리하고 이해하는 도구이며 교사가 그 아이의 개별적인 맥락을 이해하는 데 큰 도움을 줍니다.

대부분의 프로젝트 안내서가 당장 아이들과 실천해 볼 수 있는 계획이나 지도안을 제공하는 데 비해 우리 모임에서는 아직 그만한 역량이 준비되어 있지 않습니다. 솔직히 말하자면 수업 계획은 이미 수업 대화 과정에서 수업자에게 상당 부분 자리 잡혀 있다고 믿기 때문에 소홀했던 측면이 있음을 고백합니다. 지금까지 프로젝트 수업 계획을 어떻게 드러낼 것인가는 독자들에게 친절하지 못했으며 수업자의 몫에 맡겨 두었던 것이 사실입니다.

하지만 우리가 지속적으로 보완해야 할 부분임은 분명합니다. 이 부분 또한 우리는 숙제로 남겨 두고야 말았습니다. 앞으로 우리 모임에서 어떻게 수업 계획의 사례들을 만들어 낼지 기대해 봅니다. 학교 현장에는 이미 수많은 수업 계획에 관한 매뉴얼을 가지고 있고 이에 대한 논의가 활발히 진행되고 있음을 알고 있습니다. 중요한 것은 각각의 수업에 관한 매뉴얼들이 왜 그러한 모양을 가지게 되었는지 알아채는 일일 것입니다. 그리고 우리 삶프로젝트의 철학을 담기 위해서는 어떠한 수업 설계안이 적절한지에 대한 고민을 이어 가야겠습니다.

---

20) 말 그대로 염두에 두는 것이 좋습니다. 프로젝트를 시작할 때 '난 이걸 해 봐야지!'라고 결심하는 순간 오히려 어려움에 부딪힐 수 있습니다. 산출물은 아이들의 상황이나 여건, 프로젝트 전개 방향에 따라 얼마든지 바뀔 수 있으니 다양한 산출물 방향에 대해서 염두에 두고 준비하는 마음으로 다가가는 것이 좋겠습니다.

아래의 프로젝트 수업 사례 하나를 보면 기록에 있는 아이들과의 대화를 통해 프로젝트 수업을 어떻게 이어 갔는지, 이어질 활동 계획을 어떻게 구성해 갔는지 살필 수 있습니다. 이 기록은 제가 1학년 아이들과 생활하면서 해 보았던 개나리 프로젝트 수업에 관한 것입니다. 앞에서 오설란 선생님의 수업 대화 사례에서 학습 공동체의 대화 과정은 살펴보았기에 학습 공동체의 대화는 제외하고 순수한 프로젝트 진행 과정 기록만 옮겼습니다.

개나리 프로젝트

5. 1학년 아이들이 배운다는 것은?

오랜만에, 정말 오랜만에 다시 1학년을 맡았다. 2011년도에 1학년을 맡았으니 4년 만이다. 4년 전에는 지금 5학년 아이들을 맡았었다. 나름 재미있게 잘 지냈던 기억이 난다. 특히 OO이 머리를 많이 땋아 줬었는데…. 4년 만에 다시 1학년이다.

그간 나는 프로젝트 학습에 대해 많은 관심을 가져왔었다. 아마도 2012년부터 우리 학교를 방문 지도해 주신 이재영 교수 덕분인 것 같다. 당신 교수님은 광덕산을 센터로 해서 여러 생태 프로젝트를 진행하고 계셨다. 물론 교수님은 교육학 전공이 아니고 생태학 전공이셔서 프로젝트 수업의 구체적인 절차라든지 의미에 대해서는 따로 말씀이 많지 않으셨다. 하지만 교수님이 진행하는 프로젝트 과정들을 소개하며 그것을 준비하는 사람과 함께하는 아이들에 대해 많은 이야기를 들었는데 프로젝트 활동을 통해 어떻게 사람을 바라보고 또 사람이 변화하는가에 대해 많은 것을 다시 생각하게 해 주셨다. 사람이 서로 간에 바라보는 시선에 따라 관계가 달라지고 그 관계 안에서 주제별 활동이 전개되면서 어떻게 사람이 유의미하게 변화하게 되는가에 대한 실증적 사례를 많이 전해 주셨다.

타인과의 관계를 어떻게 이해할 것인가에 대해서는 그 전에 서근원 교수께서 전해 주신 상황과 맥락에 따라가는 관찰 기록 방법을 응용한다면 어느 정도 좋은 결과를 가질 수 있다는 생각도 하게 되었다. 이 기록들은 새로운 질문을 하게 해 주며 이후 어떤 경험들을 구성할 것인가(탐색)에 대한 단서들도 줄 수 있다. 그리고 표현 활동(산출물)을 통해서 의미화 작업을 거치게 되며 이러한 일련의 과정을 '배움'이라 생각한다.

그런데 글이 안 되는 1학년 아이들은 어떻게 배울까? 평소 배움은 경험으로 여러 상징으로 드러내는 표현 활동을 통해 확인되고 의미화된다고 생각했었다. 물론 예술의 모습으로 다양하게 드러날 수 있으나 그 과정에서 핵심적인 역할을 하는 것은 '말과 글'이다. 그런데 1학년은 아직 글이 안 되니 성장 과정을 어떻게 드러내고 의미화시킬 것인가가 큰 고민이다. 말과 글만큼 선명성을 지닌 표현도구는 흔치 않기 때문이다. 아이들이 글이 안 된다면 어떤 방법으로 그 경험들을 드러내고 유의미한 변화를 담아낼 것인가? 그리고 그 산출물들을 어떻게 해석할 것인가? 일단 글 가르치는 데 집중해야 하는 것일까?

1학년 아이들의 배움 방식을 쫓아 우왕좌왕 돌아다녀 봐야겠다. 그렇게 아이들을 쫓아다니다 보면 중간중간 다음 활동에 대한 계획도 자연스레 세울 수 있을 것이라 생각한다.

6. 날 기록

3월 5일

아이들과 생활한 지 3일째다. 입학식은 온전히 못 봤으니 사실은 이틀째라 하는 것이 맞겠다.

아이들에게 중간 놀이 시간을 가르쳐 주었다. 짧은 바늘이 10에 가 있고 긴 바늘이 빙글 돌아 4에 가게 되면 중간 놀이 시간이고 그 시간에는 마음껏 밖에서 놀 수 있다고 하였다. 9시가 조금 지나서부터 아이들은 시계를 본다. ○○이는 "긴 바늘이 아직 저것밖에 안 움직였어요" 하고 ○○이는 "이제 15분 남았다"라고 한다. 시계에 대해서 말은 안 하지만 많은 아이들이 빨리 놀이 시간을 목빠지게 기다린다.
지금은 '학교 살펴보기'를 하고 있다. 어제는 보건실과 교무실을 갔다 왔다. 보건실에서는 키재기를 했다. 보건 선생님은 혹시나 기계가 고장날까 안절부절이시고 아이들은 그 기계를 한번 해 보겠다고 길게 줄을 늘어섰다. 교무실에서는 중앙 테이블에 둘러 앉아 떡을 먹었다. 마침 누가 떡을 갖다 놓아서 먹느라 재미있는 시간을 보냈다.
오늘은 교장실과 행정실, 2층 다목적교실을 가 보았다. 교장실에서는 교장선생님께 간단한 말씀을 듣고 사탕을 2개씩 받아 들고 나왔다. 행정실은 한번 주욱 둘러보고 나왔다. ○○이와 ○○이는 "학교에 왔는데 왜 공부는 안해요?"라고 묻는다. 어제는 "이렇게 학교 구경하는게 공부야"라고 답해 주었는데 오늘 또 묻길래 오늘은 "으음… 3월은 학교 구경하고 4월부터는 공부할꺼야"라고 말해 주었다. 그렇게 하니 1블럭이 지났다. ○○이와 ○○이가 "와~" 하고 뛰어 나가길래 다시 불러서는 "앞으로 쉬는 시간에 나갈 때는 꼭 선생님이 이제 쉬는 시간이다라고 말할 때 나가세요"라고 말해 주었다. ○○이는 뒤뜰에 있는 놀이 기구에 올라가고 싶어하는데 ○○이는 춥다며 교실에 있고 싶다고 한다. 결국은 ○○이를 따라 ○○이가 따라 나섰다.

3월 6일

아침에 니은을 배우려고 했는데 아이들이 책을 읽어 달란다. 그래서 '엄마가 도깨비를 빨았어'를 읽어주었다. 읽고 나서 "도깨비를 그려볼까?"라고 물으니 아이들이 반으로 나뉘었다. ○○이와 라○○이는 그리자고 소리치고 ○○이와 ○○는 그리지 말자고 한다. 내가 "예쁜 도깨비를 그릴까?"라고 물으니 그래도 의견이 반으로 나뉜다. 그래서 "예쁜 도깨비 그릴 사람은 예쁜 도깨비를 그리고 못생긴 도깨비를 그릴 사람은 못생긴 도깨비를 그리자"라고 했다. 여전히 ○○이와 ○○는 싫은 표정이다.
종이를 나누어 주고 그리고 싶은 것을 그리라고 했더니 남자 아이들은 신나게 별희안한 도깨비를 다 그린다. ○○이가 눈이 ○○ 몸에 잔뜩 달린 도깨비를 그렸는데 라○○이를 빼고는 모두 눈이 많은 도깨비를 그렸다. ○○이와 ○○이는 크레파스 통에 있는 예쁜 성을 그렸고 ○○와 ○○이는 무언가 조금 그리다가 이내 다 지웠다. 그러고는 "선생님, 안 그릴래요" 한다. 그래서 "그래, 그럼 안 그려도 돼"라고 했더니 ○○가 종이접기 책을 가지고 와서는 종이접기를 시작했다. 책에 나온 설명대로 종이접기가 잘 안 되자 나에게 "이게 왜 잘 안 되지요?"라고 물었다. 삼각주머니 접는게 잘 안 되는 모양이다. 삼각주머니를 접어 주며 "삼각주머니 만드는 방법을 잘 몰랐구나"라고 했더니 "삼각주머니는 아는데…."라고 말한다.
그래도 ○○가 잘 안 되는지 ○○이가 "○○가 잘 안된데요"라고 나에게 두 번이나 말해서 "음… ○○보고 직접 선생님에게 말하라고 해 줘"라고 했더니 ○○가 나에게 책을 들고 와서는 대문접기를 물어보았다. 내가 "음… 이 책은 1학년이 보기에는 너무 어려운데…."라고 했더니 ○○가 고개를 끄덕인다.
○○이와 ○○이는 바둑판을 펴서 오목을 했다. 라○○이가 연속 3판을 이겼다며 나에게 말했다. 내가 "야, ○○이가 조금 속상하겠다."라고 했더니 ○○이가 "괜찮아요"라고 말하더니 동서남북을 하자고 했다. 동서남북을 하는데 ○○이가 많이 불리해졌는데 누군가 "야, 중간놀이 시간이 1분 남았다"라고 말하자 ○○이가 "빨리 정리하자"라고 말하고는 바둑돌을 싹 정리했다. 나는 일어서서 뒤돌아서며 한참을 웃었다.

3월 10일

1블럭 시간에 학교 경계 구경하기를 나섰다. 텃밭을 돌아 보건실, 사육장을 지나 운동장 놀이터로 갔다. 놀이 기구를 그냥 지나칠 리 없다. 아이들이 미끄럼틀, 그네, 시소 등에 매달려 논다. 미끄럼틀에는 밧줄이 매어져 있는데 ○○이가 그 줄을 잡고 그네를 올라갔다. 줄이 제법 낡아서 곧 끊어질 듯이 보여서 내가 라이터로 그 줄을 끊었다. ○○이가 그 줄을 끊지말라고 성화다. 나는 "이 줄 잡고 올라가다 보면 줄이 끊어져 다칠까 봐 그래"라고 했더니 "그래도 그냥 두세요" 한다. 내가 "새 줄을 갖고 와서 매줄게"라고 했더니 반색을 한다. 일단 교무실에 가서 사진기를 갖고 와 게시판에 넣을 아이들 사진을 찍었다. ○○이 입이 댓발 나왔다. "선생님, 밧줄…" 하길래 내가 "알았어. 사진만 찍고 갖고 올게" 하고는 사진을 다 찍고 창고에 가서 밧줄을 끊어 왔다. 그리고는 미끄럼틀에 다시 묶고 매듭까지 잘 지어 놓았다. 그러고는 아이들에게 "애들아, 다시 학교 테두리 보러 가자"라고 했는데 ○○이가 "선생님, 밧줄 풀어 가서 나무에 맬래요" 한다. 내가 "그 줄 이제 안 풀려. 빨리 가자"했는데 ○○이는 그 밧줄을 잡고 낑낑대다가 기어이 그 밧줄을 풀어서 가지고 내려왔다. 내가 기분이 팍 상했다. '실컷 가져와서 매 주었더니 결국 밧줄만 챙기는군' 했는데 그 줄을 꼭 끌어안고 돌아다닌다.

3월 12일 목요일

하이고… 독감이 와서 죽을 지경이다. 어제는 수업을 박○○ 샘한테 맡기고 난 보건실에서 계속 잤다. 오늘도 몸이 영 수월찮다.
오늘은 'ㄹ'만들기를 했다. 종이 끈으로 만들기를 했는데 종이 끈이 딱풀로는 잘 붙지 않아서 글루건으로 붙이기로 했다. 애들이 "우리는 이거 쓰면 안되는데…"라고 말해서 내가 "화상 입을까 봐?"라고 말하고는 "그래도 한번 해 보자. 꾹꾹 누를 때는 손으로 누르지 말고 연필을 뒤집어서 누르면 화상을 안 입을 거야"라고 말했다.
내가 아이들에게 "'ㄹ'을 만들려면 종이 끈이 몇 조각 필요할까?"라고 물었더니 ○○이가 "한 조각이요"라고 답했다. 내가 "한 조각?"이라고 물었더니 다른 아이들이 "두 조각이요", "세 조각이요"라고 말하길래 내가 "자… 내가 칠판에 'ㄹ'을 써 볼게. 몇 조각이 필요한지 생각해 봐"라고 말하고는 획수를 헤아리며 'ㄹ'을 썼다. 그제야 아이들이 "세 조각이요"라고 말하길래 내가 "그래, 세 조각으로 글을 쓰듯이 붙여 봐" 했더니 저마다 아이들이 활동을 시작한다.
'ㄱ'과 'ㄴ'은 색종이를 찢어서 만들어서 A4지에 붙였고 'ㄷ'은 면 솜을 뜯어서 붙였다. 면 솜이 흰색이라 그냥 A4지에 붙이면 잘 표시가 안 날 것 같아서 색종이에 붙인 다음 A4지에 붙였다.

3월 16일

지난주는 독감 때문에 너무 힘들었다. 하루는 ○○전히 보건실에서 누워만 있었고 다음 날은 교실에서 아이들과 생활은 했지만 멍하니 아이들을 보고 있는 시간이 길었다. 정말 지독한 감기다. 다행히 어제 오후부터 시작해서 오늘에 드니 좀 살만하다. 학교에 오니 ○○이가 독감으로 학교에 못왔다. 쩝… 나 때문인가?

1블럭이 시작하자 곧 아이들과 산책을 나섰다. 약간의 연무 현상이 있어 햇살도 강하지 않고 바람도 고요하니 산책하기 딱 좋은 날씨다. 아이들에게 "산책가자. 너희들 산책 알아?"라고 물으니 몇이 "알아요"한다. 무작정 나섰다. 처음에는 평소 급식소 가듯이 줄을 맞추어 가더니 이내 맘이 급한 ○○이와 ○○이가 앞으로 나서기 시작한다. 그러더니 앞서거니 뒷서거니 막대기를 휘두르며 여기저기를 뛰어다니다가는 이내 ○○와 티격태격 다툼이 일어나가도 했다. 여자아이들은 둘씩 모여 도란도란 이야기를 나누며 걷는다. ○○이는 평소처럼 혼자 조용히 걷고 있다. ○○이가 갈림길에서 "선생님, 왼쪽으로 가요" 한다. 내가 "○○이 집으로 가고 싶구나"라고 하니 ○○이가 씨익 웃는다. "갑자기 친구들이 많이 가면 어머니께서 놀라실 수도 있으니 미리 말씀드렸을 때 ○○이 집에 한번 가자" 했더니 씨익 웃는다. 봄 햇살만큼 따뜻하고 예쁜 아이다. ○○이가 다가와서 "선생님, 쉬 하고 싶어요" 한다. 그래서 좁은 밭두렁으로 데리고 갔더니 남자아이들 몇이 더 따라 ○○다. 아이들 5명이 옆으로 한 줄을 서서니 밭에다 오줌을 뿌렸다. 뒷모습들이 가관이다.
그렇게 도란도란 이야기 나누며 앞서거니 뒷서거니 하다 보니 어느새 학교다. 교실에 앉아서 내가 아이들에게 "산책 가서 본 것을 이야기해 볼까? 무엇을 봤는지 이야기해 볼 사람?" 하니 ○○이가 "거울"이라고 했다. 내가 "맞아 거울. 그 거울은 우리 교실에 있는 거울과는 조금 다른데…"라고 했더니 ○○가 "그 거울은 볼록해요"라고 한다. 내가 "맞아."라고 큰 소리를 냈다. ○○이가 "그 거울 이름 알아요. 이름이…"라고 했다. 한참을 생각하더니 "돌다리"라고 말했다. 내가 씨익 웃었다. "또 다른 거 본 사람?"이라고 물었더니 ○○이가 "소밥"이라고 한다. 내가 "소밥! 맞아"라고 했더니 ○○가 "흰색으로 둘둘 싸인거"라고 했다. ○○이가 "나도 봤어요. 길게 생긴거요"라고 했다. 내가 "그래, 두루마리 휴지처럼 흰색인데 아주 컸지"라고 했더니 ○○이가 "아… 그거…"한다 ○○가 "나 소밥 먹어 봤는데…" 한다. 내가 "으음…" 하고 있는데 다른 아이들 이야기가 이어졌다. ○○이는 돌을 봤다고 하고 ○○이는 트럭을, ○○이는 트렉터를 봤다고 한다. ○○이는 "기억이 안나요" 한다. 나는 학교 울타리를 지나다가 사철나무 사이에 있는 개나리 가지를 봤는데 다음 시간에는 교실 바로 앞에 있는 개나리를 보러 가야겠다. 스케치북이 빨리 와야 할텐데…
둘째 블록 시간에는 4절지를 반으로 잘라 하나씩 나누어 주고 개나리를 찾아 나섰다. 개나리만큼 봄바람의 변화를 잘 드러내 주는 것도 없어서 노란 꽃을 틔우기 전에 얼른 그 모습을 담아 두고 싶었다. 교실 바로 앞 화단에 있는 것이 개나리라니 아이들 표정이 뚱한다. 이게 무슨 개나리냐는 식이다. 일단 의자를 들고 나와서 작은 가지를 하나 골라 그려 보게 했다. ○○이가 "선생님, 똑같이 그려야 돼요?"라길래 "당연하지. 완전히 똑같이 그려야 돼"라고 말했더니 저마다 개나리를 그려 나간다. ○○가 "선생님, 우리 집에 개나리 많아요. 개나리는 다른 나무하고는 달라서 잎이 먼저 나고 꽃이 펴요"라고 말한다. 내가 "그래? 정말?"이라고 했더니 그렇단다.

마침 다른 한쪽에서 ○○이와 다른 여자 아이들이 언쟁이 붙었다. ○○이가 "봄은 5월이 되어야 해"라고 했는데 ○○이가 "아니거든, 지금 봄이거든"이라고 쏘아붙인다. 거들어서 ○○도 "맞아, 지금 봄이야"라고 말하니 ○○이가 "5월이 되어야 봄인데…"라고 하니 ○○이와 ○○는 다시 "지금 봄 맞다니까. 선생님 그렇죠?"라고 한다. 나는 "음… 글쎄… 개나리를 보면 음…" 했다. 언쟁을 멈춘 아이들이 다시 개나리를 그려 가기 시작한다. 주로 갈색을 쓰고 노란색 조금, 연두색 조금을 쓰는 아이도 있다. 다음 주에도 개나리를 그려 봐야겠다. 다음 주에는 아이들이 개나리를 어떻게 그릴까? 일단 오늘 그린 개나리는 큰 파일에 넣어 두었다.

3월 17일

아이들에게 봄은 어떻게 올까? 아침에 와서 내가 "얘들아, 봄은 언제 시작돼?"라고 물었다. ○○이는 3월에 시작된다고 한다. ○○이는 "엄마가 5월에 시작된다고 했어요"라고 5월 봄 시작론을 유지했다. ○○이도 3월에 시작된다고 한다. 아이들에게 봄은 '3월', '5월'이라는 숫자로 시작되나 보다. ○○이가 '기○○'이라는 말도 썼다. 내가 "기○○이 몇 도가 되면 봄이야?"라고 물으니 ○○이가 "45도는 넘어야 할걸요"라고 말하고 ○○이는 "5도는 넘어야 할걸"이라고 말한다. 이래저래 봄 이야기를 나누다가 '봄은 [　　　　　] 시작됩니다. 왜냐하면 [　　　　　].'라고 적힌 종이를 한 장씩 주었다. 그리고 빈칸을 채워 보라고 했다. ○○이는 여전히 엄마가 그랬다며 5월이 되어야 봄이 된다고 했고 ○○는 꽃이 피면 봄이 된다고 했다. 내가 ○○에게 "어제 개나리 그릴 때 아직 개나리가 안 피었던데 지금은 봄일까? 아닐까?"라고 물었다. ○○가 두 손으로 턱을 괴고는 갸우뚱하며 나를 쳐다보았다. 지금은 봄일까? 아닐까? ○○이 빼고는 다 봄이라는데 개나리는 어쩌지?

3월 18일

아침에 ○○가 "선생님, 박○○ 샘 차 타고 오다가 소 밥하고 박을 뻔 했어요."라고 한다. 크하하하… 소 밥!

아침부터 비가 주룩주룩 내린다. 봄비다. 창밖을 내다보며 하염없이 생각해 본다. '요 봄비란 놈이 아이들에게 봄을 불러 주는 전령사인데 어떻게 하나…???? 비라… 비라…' 쉬는 시간에 결국 라○○이와 ○○이가 비에 홀딱 젖었다. 사물함에서 옷을 꺼내 갈아입히려다 "얘들아, 선생님 생각에는 아무래도 지금 갈아입으면 오후에 갈아입을 옷이 없을 것 같아. 지금은 바지 아랫부분만 살짝 젖었으니 오후에 다시 보자"라고 했다. 라○○이가 "나도 지금 그렇게 생각하고 있었어요. 선생님" 한다. 속으로 ㅋㅋ 한참 웃었다. 그렇구나…^^

둘째 블록 시간에 아이들에게 "비 맞으며 돌아다니지 말자"라고 잔소리 하는 것으로 절호의 찬스 봄비는 그냥 지나간다. 봄비… 아쉽다. 이 비가 그치면 개구리들이 쏟아지려나?

3월 19일

어제 하루 종일 비가 주룩주룩 오더니 오늘 아침 날씨가 무척이나 좋다. 햇살이 엷은 안개 사이로 쏟아지는데 어찌나 맑고 선명한지 눈이 부시다. 기○○도 적당하여 기분이 상쾌하다. 교실에 들어와서는 조금의 망설임도 없이 "얘들아, 산책가자"라고 했다. 애들도 좋아라 따라나선다.

신을 갈아 신고 교실 앞 화단을 보니 개나리 노란 몽우리가 고개를 내밀고 있다. 내가 "얘들아, 이거 봐. 뭐 바뀐거 없어?"라고 했더니 ○○이가 "싹이 올라왔어요" 한다. ○○이도 "노란 싹이 올라와요."라고 하고 다른 아이들도 개나리를 둘러싸서는 가지 위에 눈을 내민 꽃눈을 만져 보느라 여념이 없다. 교무실 앞 둥근 화단에 올라서서 "이 나무는 뭘까?"라고 물으니 ○○이가 "개나리"라 한다. ○○이가 "이거 개나리 아냐"라고 하니 ○○이가 "이거 개나리 맞아. 똑같이 생겼구만…" 한다. ○○이가 다시 "아냐, 이거 개나리 아냐. 저거랑 달라" 한다. 아이들끼리 개나리를 두고 한 바탕 소동이 인다. ○○이가 "선생님, 이거 개나리 맞지요?"라고 묻는다. 내가 "응, 이거 개나리 맞아. 저 개나리는 길쭉길쭉하게 가지가 생겼는데 이 개나리는 중간에 가지를 잘라 굵게 키웠으니 ○○이가 개나리가 아니라고 생각했나 보구나"라고 말했다.
운동장을 가로질러 산책 길로 접어드는데 ○○이와 ○○이가 손을 잡고는 성큼성큼 앞으로 나선다. ○○이가 아무래도 자존심이 상한 것 같고 ○○이가 동조를 하는 듯하다. 테니스장 옆으로 가서 사철나무 사이에 숨어 있는 개나리를 보고 내가 "얘들아, 여기 봐. 이거 뭔지 알아?"라고 했더니 ○○이가 "개나리요" 한다. 내가 사철나무를 가리키며 "이거는 개나리가 아니야"라고 했더니 ○○이가 "그거야 당연하죠"라고 한다. 그 개나리를 보고 다시 산책 길을 나서는데 ○○이와 ○○이가 다시 앞으로 나서기 시작한다. 급기야 ○○이가 ○○이를 잡아당기며 "야, 왜 앞으로 막 나가는데?"라고 실랑이를 벌이자 ○○이가 넘어졌다. 내가 율이보고 "친구를 억지로 잡아당기거나 밀면 안 된다고 했지?"라고 나무랐다. ○○이는 마음이 상할대로 상했다. 산책 길에서 돌아오는 내내 나보고 "선생님, 남자애들은 자기들은 앞으로 막 나가면서 왜 우리보고는 못 가게 하고 소리지르고 때리고 하는지 모르겠어요"라고 투덜댄다. 급기야 ○○이와 언쟁이 붙었다. ○○이가 "나는 상주에 오래 살아서 이 산책 길은 내가 잘 알아"라고 소리치니 ○○이가 "내가 더 오래 살았거든. 나는 여기 길 다 알아"라고 맞받아낸다. ○○이가 "나는 7살부터 여기 살았어"라고 하니 ○○이가 "나는 2살부터 살았어"라고 한다. 다시 ○○이가 "그럼 너 낮잠은 몇 시부터 자는데?"라고 소리치니 ○○이가 대답을 못 하고 머뭇거린다. ○○이와 ○○이는 식식대며 다시 앞으로 나서서 걸어가더니 남자아이들이 앞서니까 다시 나보고 "남자 아이들은 왜 자기들은 앞서 가면서 우리보고는 못 하게 하는지 모르겠어요"라고 말한다. 내가 "○○이가 마음이 많이 상했구나. 내가 남자애들을 야단쳐 줄까?"라고 하니 표정이 조금 풀린다.
산책을 다녀와서 교실에서 "얘들아, 산책 다녀와서 무엇을 봤는지 이야기해 볼래?"라고 물으니 ○○가 "와… 또 말해요?"라고 한다. 그래도 이야기해 보자고 했더니 라○○는 쑥과 터널, ○○이는 개나리, ○○는 진흙, ○○이는 쑥, 상원이는 트럭, ○○이는 물길, ○○이는 개미집 구멍, ○○는 멍멍이, ○○이는 진흙을 봤다고 말했다.

3월 23일

어제까지 무척이나 따뜻하더니 오늘은 아침부터 날이 매섭다. 그냥 봄이 와도 될 텐데 꽃샘추위가 기승이다. 하필이면 개나리를 관찰하고 그림을 그리기로 한 오늘 이렇게 춥담. 1블럭 시간에 고민고민을 하다가 2블럭 시간이 되면 따뜻해질 것 같아 일단 1블럭 시간에 패드민턴과 'ㅍ'을 배웠다.
2블럭 시간이 되어서 아이들에게 "얘들아, 개나리가 피었을까? 안피었을까?"라고 물었더니 ○○이는 "피었어요"라고 하고 다른 아이들은 "안 피었어요"라고 답한다. ○○이가 "여기보다 남쪽은 더 따뜻하니 개나리가 피었을거예요" 한다. 그러니 ○○가 "남쪽에는 다 얼음이고 펭귄이 사는데 개나리가 어떻게 사나?"라고 한다. ○○이가 "맞아. 남극은 추워서 개나리가 다 죽어여"라고 한다. ○○이가 얼굴이 굳어지더니 "아냐. 우리 나라는 북쪽이나 남쪽은 더 따뜻해서 개나리가 더 잘살아" 라고 소리를 버럭 지른다. ○○이가 "아니거든. 남쪽에는 다 얼음이거든"이라고 하자 ○○가 "아냐, 남극은 땅이고 북극이 얼음이야"라고 한다. ○○이가 "아냐, 남쪽에도 얼음이 많아"라고 한다. 아이들이 급기야 "선생님, 누구 말이 맞아요?"라고 묻길래 내가 "음… ○○이는 우리나라가 북쪽에 있으니 남쪽이 더 따뜻하다고 하고 ○○이는 우리나라가 남쪽에 있으니 이미 따뜻하다고 하는구나. 두 쪽 다 맞는 말이예요. 우리나라보다 남쪽에 있는 나라도 있고 더 북쪽에 있는 나라도 있으니 다 맞는 말이야"라고 말해 주고는 화제를 돌렸다.
"개나리는 꽃이 먼저 필까? 잎이 먼저 필까?"라고 물었더니 ○○이가 "꽃이요"라고 말하고 다른 아이들은 "잎이요"라고 한다. 그러더니 양쪽으로 나뉘어서 서로 자기 말이 맞다고 소리를 고래고래 지른다. ○○이는 "내가 엄마하고 길을 가는데 노란 꽃을 봤어"라고 말하자 ○○이는 "그거는 산수유야"라고 말한다. 내가 아이들보고 "그럼 지금 보러가자. 스케치북과 크레파스를 챙기세요"라고 말하고는 전지 가위를 들도 아이들과 교실 앞 화단으로 갔다. 아이들이 뛰어오더니 "야, 꽃이 먼저 폈네"라고 한다. 아이들보고 그려보자고 했는데 바람이 장난이 아니다. 기○○도 낮아서 무척이나 춥다. 하는 수 없이 "개나리 가지 하나씩 골라 봐. 내가 잘라 줄게. 교실로 가져가서 그려 보자"라고 했더니 저마다 하나씩 개나리 가지를 골랐다. 그걸 잘라서 교실로 와서는 아침에 준비해 둔 비커에 넣고는 물을 담아 주도록 했다. 그리고는 이름표를 붙여 주고 각자 그려 보도록 했다. 저마다 개나리를 비커와 함께 그린다. ○○이가 “선생님, 왜 개나리가 물에 잠기도록 해요?”라고 묻는다. 내가 “개나리가 죽지 말라고”라고 답해주었다.

개나리를 다 그리자 내가 A4 종이에 ‘개나리는 [ ]다’라고 프린터해서 아이들에게 나누어 주고 빈칸에 써 보게 했다.

비커에 물을 담고 넣어 둔 개나리는 앞으로 어떻게 될까?

개나리는 봄이니 다.	개나리는 이 상 / 봄에 핍니다 다. / 핍니
개나리는 권 원 / 봄 [illegible] 다.	개나리는 상 욱 / 봄에 핍니다 다. / 3월 23일
개나리는 꽃이 먼저 핍니 다. / 신 리 3월 23일	개나리는 [illegible] 다. / 박 언... / 3월 23일...
개나리는 김 3월 23일 / 봄 에 피며 다.	개나리는 준 / 아름답 다. / 아름답

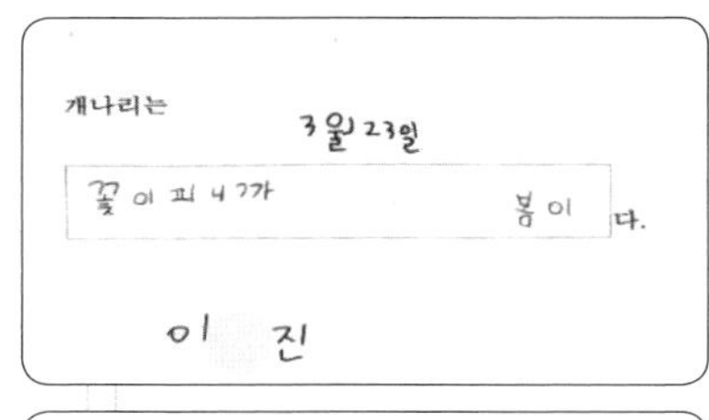

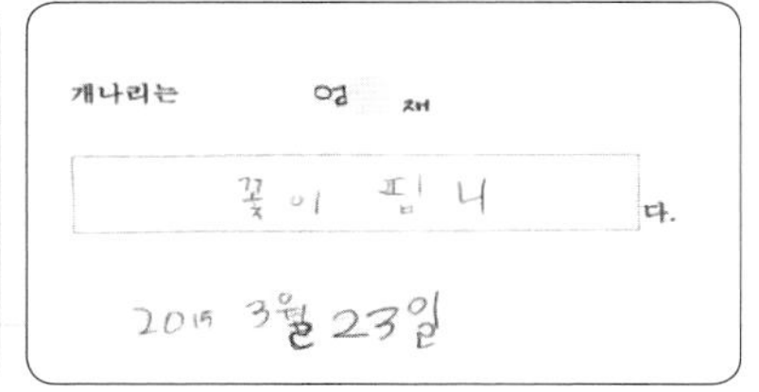

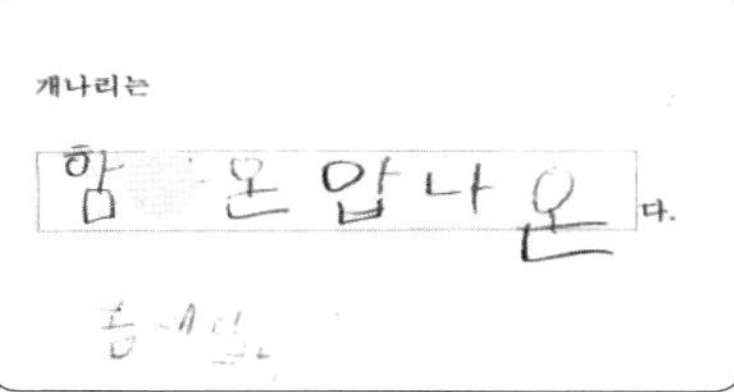

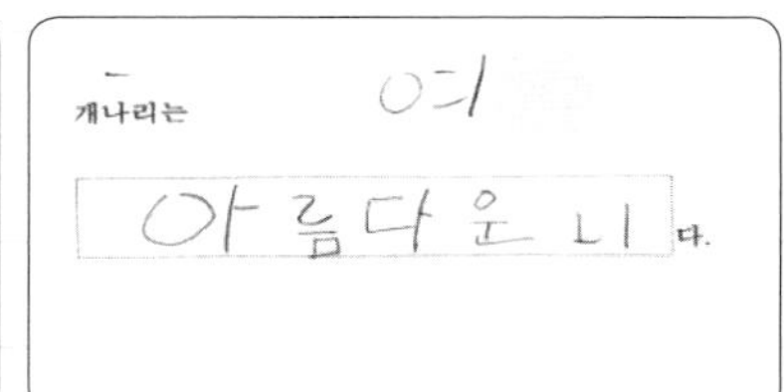

3월 25일

Ⅰ. 개나리 프로젝트를 시작하며…

아이들과 3주 정도 이런저런 생활을 하면서 크게 두 가지를 고민했었다. 하나는 '글자'에 대한 고민이고 하나는 '봄'에 대한 고민이었다. 글자는 3주 동안 자음을 배웠다. 나름대로 아이들이 글자를 다양한 방법으로 표현하고 꾸미는 모습이 참 인상적이었다.

다른 하나는 '봄'에 대한 고민인데 지금까지 나의 많은 기록들이 봄에 초점이 맞추어졌고 아이들도 봄에 대해서 많은 이야기를 나누었으며 나름대로 논쟁도 많았었다. 1학년 통합 교과는 '봄' 주제 교과가 있으며 1단원 봄맞이(봄 청소, 봄 인사, 정리 정돈, 봄 놀이 등등)와 2단원 새싹(씨앗 심기, 싹 틔우기, 나무, 새싹 나라, 곤충 등등)으로 구성되어 있다.

통합 교과 '봄'이 있으나 그 내용들을 살펴보면 굉장히 산만하고 이것저것 끌어모아 놓은 모양새다. 어느 것 하나 아이들의 호흡으로 집중하여 나가기가 쉽지 않을 것 같다. 그래서 구체물 하나를 정해서 프로젝트를 진행하는 것이 나을 것 같아 '개나리 프로젝트'를 시작할까 한다.

Ⅱ. 개나리 프로젝트의 예상 경로

활동 내용	시기	내용	준비물	관련 교과 및 단원	비고 (산출물)
개나리 산목	3월 3주~ 4월 3주	개나리 가지를 1인당 하나씩 잘라 물에 담그고 그 변화 과정 관찰하기	- 삼각 플라스크 - 개나리 가지	통합교과 [봄] 봄1-1의 종횡적 범위 ▶ 주변에서 보고 느낄 수 있는 봄을 다룬다. ▶ 새싹을 중심으로 '식물'을 중점적으로 다룬다.	- 아이들 기록 (활동지와 그림) - 변화 과정 사진
	4월 3주~ 4월 4주	뿌리가 돋아난 가지를 관찰하여 기록하고 화분에 옮겨 심기	- 화분 - 모종흙 - 개인 이름표		
	4월 3주~ 4월 4주	꽃이 잎으로 변화하는 과정 기록하기	- 스케치북 - 크레파스		- 개나리 그림
개나리 성장 일지	4월 4주~ 7월 말	개나리 가지 길이 재서 변화 과정 기록하기	- 크로키북 - 줄자		
동화책 만들기	9월	개나리의 성장 과정을 동화책으로 만들기	- 스케치북 - 사진 기록 자료		개나리 동화책

Ⅲ. 관련 교과 및 단원의 선고찰

1학년 통합 교과 '봄'

1단원 봄맞이

(1) 단원의 성격

'봄맞이'를 주제로 계절과 관련된 학습을 할 수 있도록 돕고, 봄이라는 계절을 활용하여 봄철 주변의 모습, 날씨와 생활, 그로 인한 변화나 관계들을 살펴보면서 주변에 대한 관심과 이해를 높이며, 봄을 대상으로 놀이하고 표현하는 것을 돕는다.

(2) 활동 주제 및 성취 기준

▶ 봄맞이 청소하기 : 봄을 맞이하여 교실과 주변을 청소하고 정리 정돈한다.

▶ 봄의 모습 찾아보기 : 학교 주변을 살펴보면서 봄이 되어 볼 수 있는 것이

나 겨울에서 봄으로 바뀐 것을 찾아본다.

▶ 봄 교실 꾸미기 : 여러 가지 방법으로 봄의 모습을 표현하여 봄 느낌이 나는 교실을 꾸민다.

2단원 새싹

(1) 단원의 성격

계절과 관련된 학습을 할 수 있도록 돕고, 봄이라는 계절을 활용하여 봄철의 변화나 관계들을 살펴보면서 주변에 대한 관심과 이해를 높이며, 봄을 대상으로 놀이하고 표현하는 것을 돕기 위한 것이다.

(2) 활동 주제 및 성취 기준

▶ 새싹 보호하기 : 생명의 소중함을 알고 봄철 주변에 있는 꽃이나 나무, 새싹을 보살핀다.

▶ 싹 틔우기 : 씨앗을 심어 싹을 틔워 보면서 식물이 자라는 모습을 관찰한다.

▶ 새싹 표현하기 : 꽃과 새순, 꽃을 찾는 벌이나 나비 등을 소재로 다양한 표현 놀이를 한다.

Ⅳ. 활동 과정 관찰 기록

3월 25일

◎ 개나리 가지 꺾어 물에 담가 놓기

교실 창가 따뜻한 곳에 개나리를 삼각 플라스크에 물을 담아서 주욱 꽂아 두었다. 중간 놀이 시간에 ○○이가 그것을 살피더니 "선생님, 개나리가 피었어요"라고 말한다. 그때 옆에서 누군가 "개나리는 벌써 피었잖아"라고 말하자 ○○이가 말없이 자리를 떠난다. 그렇다. 개나리가 이미 피었을 때 개나리 가지를 잘라 놓았는데 왜 ○○이가 대뜸 개나리가 피었다고 말하는 걸까? 내가 창가에 가서 개나리를 살피다가 문득 교실 밖 화단에 있는 개나리를 보았다. 밖에 있는 개나리는 꽃이 몇 개 없다. 다시 교실 창가에 있는 개나리를 보았다. 밖에 있는 개나리와는 확연히 다르게 꽃이 많이 잔뜩 피었다. 그렇구나. 지난 월요일부터 꽃샘추위가 기승을 부렸는데 교실 안 창가에 개나리는 그 꽃샘추위를 타지 않았던 것이다. 아이들과 이 이야기를 내일 나누어 봐야겠다. 왜 교실에 있는 개나리는 이렇게 가지에 달린 꽃이 많을까?

한 남자아이가 교실 창가에 놓아 둔 개나리 가지가 바깥에 있는 개나리보다 더 활짝 피었다는 것을 알아차렸고 "선생님, 개나리가 피었어요"라는 말을 함으로써 교실 밖 개나리와 교실 안 개나리의 모습이 다르다는 것을 생각하게 되었다.

<1~2학년 바른생활>

㉠ 생명의 소중함을 알고 봄철 주변에 있는 꽃이나 나무, 새싹을 보살핀다.

㉦ 생명이 소중한 이유를 알아보고, 봄철 생활 주변의 생물들을 존중하며 아끼고 보호할 수 있다.

3월 26일

◎ 화단 개나리와 교실 개나리 비교하기

아침에 와서 1블럭 시간에 "얘들아, 어제 ○○이가 개나리를 보고 '꽃이 피었어요' 라고 말을 했어. 왜 그런 말을 했을까?"라고 물었다. 아이들이 멀뚱멀뚱 보고 있는다. 그래서 교실 안에 있는 자기 개나리를 보게 하였고 다시 화단에 가서 개나리를 보게 하였다. 보고 오더니 ○○가 "화단에는 봉오리 밖에 없어요." 한다. ○○이가 "교실에는 꽃이 많아요." 한다. 다른 아이들도 비슷한 이야기를 쏟아 놓는다. 꽃이 핀 정도를 비교해낼까 싶었는데 의외로 그 차이를 잘 찾아내는 모습이 대견스럽다.

아이들에게 그 이유도 "왜 교실 개나리가 더 활짝 폈을까?" 물었더니 ○○이와 ○○이가 "교실이 따뜻해서 그래요"라는 말을 했고 ○○이가 "교실에 꺼는 물을 많이 먹어서 그래요"라고 한다. 아이들에게 화단 개나리와 교실 개나리를 비교해서 그리거나 문장으로 쓸 수 있는 활동지를 만들어서 나누어 주었다.

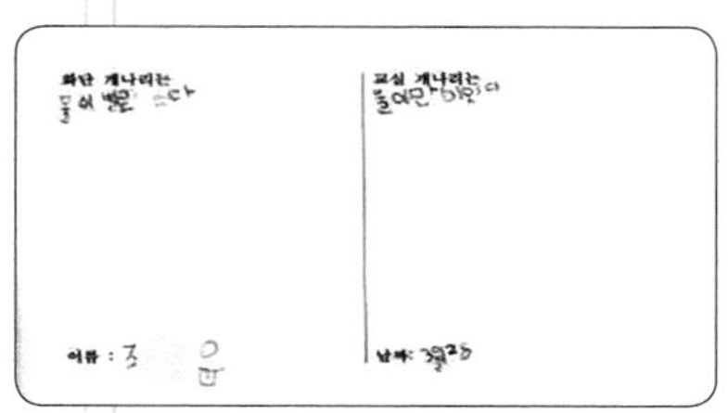

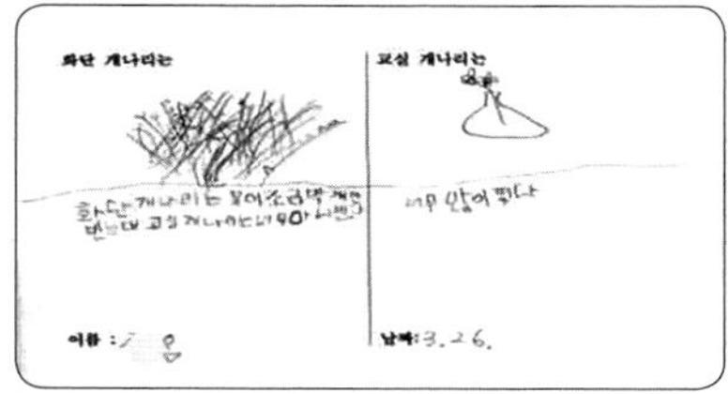

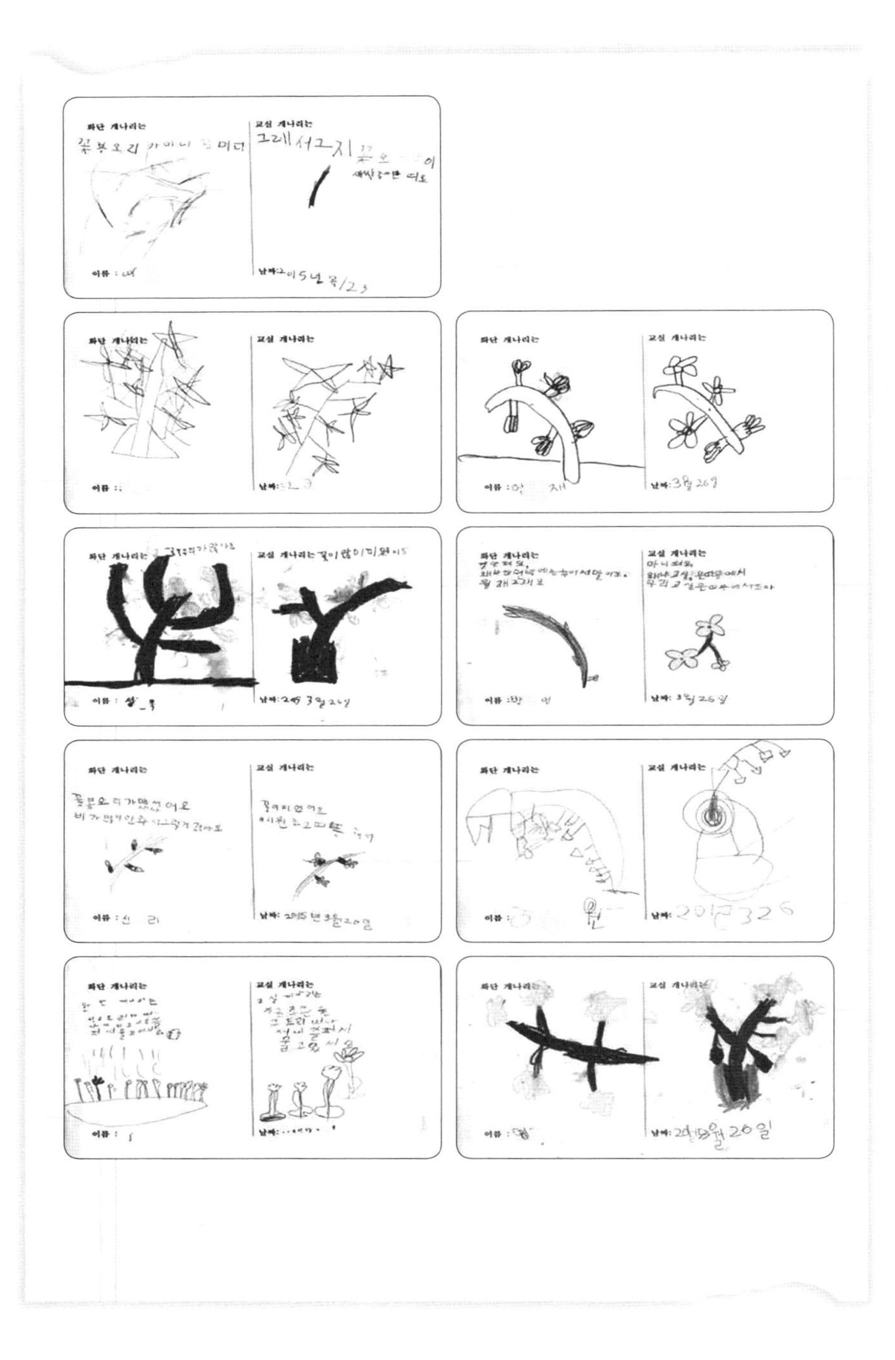
화단 개나리는
교실 개나리는
이름 :
날짜:

아이들은 교실 개나리와 바깥 개나리를 비교, 관찰하는 활동을 통하여 교실 개나리가 더 많이 피었다는 것을 알게 되었고 그 이유가 온도나 물에 있다고 생각하였다. 또한 관찰한 두 종류의 개나리를 비교하는 활동지를 통하여 그림과 글로 표현함으로써 조건에 따라 개나리꽃 피는 정도가 달리질 수 있다는 것을 확실히 알게 되었다.

<1~2학년 슬생>

(교) 씨앗을 심어 싹을 틔워 보면서 식물이 자라는 모습을 관찰한다.

(성) 개나리 가지를 심고 싹을 가꾸면서 식물이 자라는 모습을 흥미와 관심을 갖고 관찰하여 그 특징을 그림으로 나타낼 수 있다.

3월 27일

◎ 루뻬로 꽃 관찰하기

1블럭 시간에 유치원에서 루뻬를 빌려 와서 개나리를 관찰했다. 관찰하기 전에 "개나리 꽃 안을 잘 보세요. 무엇인가 들어 있을 겁니다"라고 말해 주었다. 아이들이 루뻬로 개나리꽃을 살피더니 ○○이가 "어, 막대기 같은 것이 있어요"라고 말했다. ○○이가 "꽃가루 주머니"라고 말했다. ○○는 "꿀"이라고 말했다. ○○이가 "암술과 수술이요"라고 했다. 내가 "암술과 수술은 어려운 말인데…"라고 말해 주었다. 라○○이가 "개나리에 잎이 났어요"라고 말하자 두 명이 더 "맞아요. 잎이 났어요" 한다. 관찰을 끝내고는 삼각 플라스크를 다시 창가에 두라고 했다. 아이들 개나리를 잘 살펴보았는데 아직 뿌리가 날 기미는 보이지 않는다. 물에 담가 두었는데 뿌리가 나기는 날까? 일단 꽃의 상태나 잎이 나는 모양을 봐서는 건강해 보이는데 뿌리를 보고 화분에 심을 수 있을지 조마조마하다.

내가 "10칸 공책을 꺼내세요" 했더니 아이들이 "너무 쉬워요. 좀 어려운 것 해 주세요"라고 소리를 지르며 난리다. "좋아. 오늘은 정말 어려운 것 하지. 긴 글을 쓸거야. 잘 따라 써 보세요."라고 말하고는 칠판에 "개나리 꽃 안에는 암술과 수술이 있어요"라고 쓰고는 3번을 따라 써 보게 했다. 저마다 칠판을 보며 열심히 따라 쓰는데 ○○이가 "우아, 오늘 학교 괜히 왔다"라고 말한다. 내가 ○○이 보고 "왜? 너무 어려워?"라고 물으니 "어려운건 아닌데 너무 힘들어요"라고 말했다. ○○이가 아직 글을 쓴다기 보다는 그림을 따라 그리는 느낌이다. 'ㄹ'을 필순에 맞게 쓰는 것을 봐 주며 한 자 한 자 쓰는 것을 옆에서 봐 주었다.

아이들이 루뻬로 개나리꽃을 관찰하고 친구들과 이야기를 나눔으로써 꽃 안에 막대기 같은 것이 있다는 것을 알게 되었고 공책에 쓰는 활동을 통해 그것이 암술과 수술임을 알았다.

<1~2학년 슬생>

㉴ 씨앗을 심어 싹을 틔워 보면서 식물이 자라는 모습을 관찰한다.

㉾ 개나리 가지를 심고 싹을 가꾸면서 식물이 자라는 모습을 흥미와 관심을 갖고 관찰하여 그 특징을 문장으로 나타낼 수 있다.

4월 1일

어제부터 부슬부슬 내리기 시작하던 비가 오늘 아침에도 이어지고 있다. 플라스크에 꽂아 두었던 개나리의 운명이 어떻게 될지 몰라 급기야 어제 생태 선생님에게 도움을 구했다. 덕분에 새로운 사실을 많이 알게 되었다.

1. 새로 알게 된 사실

(1) 식물은 뿌리가 햇빛을 보면 줄기 역할을 하기도 하고 줄기가 땅에 묻혀 햇빛을 못 보면 뿌리로 바뀌기도 한다. 따라서 개나리도 가지에 뿌리를 내리려면 휘묻이해서 땅에 묻거나 잘라서 끝부분을 땅에 묻어 햇빛을 못 보게 해야 한다.

(2) 개나리꽃은 장주화와 단주화가 있다. 어떤 꽃은 암술이 수술보다 긴 장주화이고 어떤 꽃은 수술이 암술보다 긴 단주화이다. 보통은 단주화이나 우리 학교에는 특이하게도 장주화 개나리와 단주화 개나리가 함께 있다. 그래서 우리 학교 개나리에는 가을에 열매를 맺는다.

2. 개나리로 할 수 있는 놀이

(1) 꽃 목걸이 만들기-개나리 꽃잎 수는 하나다. 그걸 꽃받침에서 뜯으면 꽃 중앙에 구멍이 생기는데 그걸 실에 꿰어서 목에 걸면 꽃 목걸이가 된다.

(2) 팔찌 만들기-개나리 가지는 중앙 부분이 비어 있다. 그 비어 있는 중앙 부분에 가죽끈을 꿰어 매듭을 지으면 팔찌를 만들 수 있다.

개나리를 가지고 무얼할까 고민고민을 하다가 일단 두 가지를 하기로 생각했다. 하나는 플라스크에 있던 개나리를 화분에 옮겨 심는 것이고 다른 하나는 개나리 팔찌를 만드는 것이다. 플라스크에 꽂아 두고 뿌리 나는 것을 꼭 보고 싶었는데 그것은 포기해야 한다.

4월 1일 아침에 학교에 들어서니 비가 부슬부슬 내린다. 화분에 옮겨 심기는 어렵게 되었다. 하는 수 없이 전지 가위를 들고 긴 개나리 가지 4개를 가져와서는 짧게 자른 다음 팔찌를 만들기로 했다.

◎ 개나리 팔찌 만들기

먼저 아이들에게 어제 생태 선생님에게 받은 개나리 팔찌를 보여 주었다. 아이들이 혹 한다. 일단 활동 시작! 문제는 개나리 가지 구멍이 좁다는 것이다. 가지를 잘라서 충분히 말리면 그 구멍이 커지는데 아이들에게 개나리 가지를 보여 주고 싶어서 즉석에서 잘랐던 것이 오히려 가죽끈을 꿰는 작업을 어렵게 하는 이유가 되었다.

(1) 일단 1cm 정도의 가지 조각을 100여 개 정도 만들어 놓고 아이들에게 구멍이 큰 가지 조각을 찾게 했다. 교실 바닥 주변과 내 책상 주변에 모여 옹기종기 개나리 가지 조각을 고르느라 난리다.

(2) 마음에 드는 가지 조각을 찾아서는 가죽끈을 살짝 넣고 클립을 펴서 쇳조각으로 밀어 넣었다. ○○이는 혼자 가지 조각 5개를 다 꿰었는데 못 하는 아이들이 더 많다. 중간 놀이 시간이 되었는데도 모두들 가죽끈에 가지 조각을 꿰느라 조용하다.

(3) 끈으로 꿴 개나리 조각 사이에는 매듭을 넣고 늘였다 줄였다할 수 있는 매듭을 만들어 주었다.

○○이는 혼자 조각을 꿰고 매듭을 지었다. 반면에 ○○는 ○○이에게 다 맡겨 놓고는 쉬고 있고, ○○이는 다른 아이들 돕느라고 자기 것은 하나도 못했다. 어쨌든 모두들 자기 팔찌를 완성하기 위해 잔뜩 집중하고 있다. 아이들이 가지 조각 꿰는 것이 잘 안 되어서 나한테 해 달라고 줄이 길게 늘어섰는데 하나씩 꿰어 주느라고 손이 다 벌겋게 되었다.

활동을 하다가 내가 아이들에게 물었다. "얘들아, 개나리 가지 중간은 왜 비어 있을까?"라고 물었더니 ○○이가 "물이 지나가야 돼요" 하고 ○○가 "영양분하고 물이 지나가야 돼요"라고 한다. 그 소릴 듣던 ○○이가 "야, 그러면 다른 나무들은 어떻게 물하고 영양분을 먹냐? 말도 안 돼여"라고 하니 ○○가 "으음…" 한다. 그래도 ○○이는 "물 지나가는 곳이예요" 하길래 내가 "그럼 빈 곳이 없는 다른 나무는 어떻게 물을 먹을까?" 했더니 ○○이가 "그 나무들은 아주 작은 구멍이 있어요" 한다.

다음에는 (1) 개나리 긴 가지를 한번 흔들어 봐야겠다. 그리고 축 늘어지는 가지가 자연스레 휘묻이 되면서 번식한다는 이야기도 해 봐야겠다. 오늘은 개나리 가지를 조각내서 구멍을 파면서 팔찌 만드느라 하루가 다 간다. (2) 그리고 교실 플라스크에 있는 개나리 가지를 화분에 옮겨 심어야겠다.

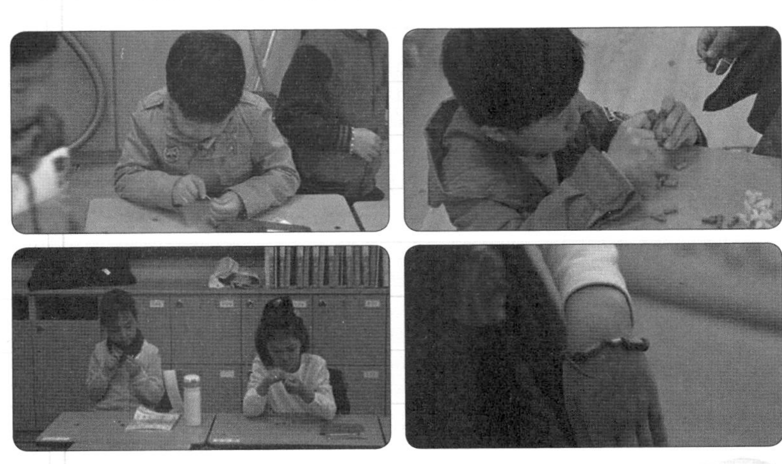

아이들이 개나리 팔찌 만들기 활동을 통해 주변 자연물을 이용해 생활용품을 만들 수 있다는 것을 알게 되었고, 가지에 끈을 꿰는 활동과 교사의 "얘들아, 개나리 가지 중간은 왜 비어있을까?"라는 질문을 통해 개나리 가지의 중간은 비어 있다는 것을 확인하게 되었다. 교사는 아이들이 개나리 가지 중간이 비어 있는 이유를 말하는 것을 듣고 가지의 중간이 비어있는 나무에 대해 좀 더 알아보아야겠다는 생각을 하게 되었다.

<1~2학년 슬생>

㉠ 여러 가지 방법으로 봄의 모습을 표현하면서 봄 느낌이 나는 교실을 꾸민다.

㉡ 여러 가지 방법으로 봄의 모습을 표현하고 봄의 느낌을 살린 생활 소품을 만들 수 있다.

4월 2일

◎ 개나리 화분에 심기

어제 비가 추적추적 내리더니 아침부터 잔뜩 흐리다. 다행이다. 비는 오지 않아서… 개나리 심기에는 딱~ 좋은 날씨다.

교실에 들어와서 일단 시간표부터 바꾸자고 했다. 1블럭 국어, 2블럭 수학인데 1블럭을 내일 통합과 바꾸자고 했다. 아이들이 왜 그러냐고 따진다.

"그저께 내가 개나리 박사님을 만났거든" 하니 ○○이가 "에이, 거짓말 마요. 개나리 박사님이 어디 있어요" 한다. 내가 "정말 있어. 개나리 박사님 있거든" 하니 ○○이가 "거짓말. 데려와 봐요." 한다. 다른 아이들도 날 비웃기만 한다. 내가 "좋아. 내가 곧 개나리 박사님을 데리고 오지. 그런데 그 개나리 박사님께 내가 우리 반 개나리 이야기를 했거든. 그랬더니 그 박사님이 말씀하시길 '에헤이… 개나리는 물에 담가 놔도 뿌리가 나지 않아요. 뿌리가 나려면…'"까지 이야기했는데 라○○이가 "흙을 덮어야 해요" 한다. 그러니 ○○이가 "물하고 흙하고 섞어야 해요" 한다. ○○이가 "뿌리 없으면 죽어요" 하고 ○○이는 "플라스크에 물을 빼 줘야 해요" 한다. ○○이 말을 들은 ○○이가 "야, 물 빼면 말라죽으면 어떻게 할래?"라고 하니 ○○이 입이 삐죽 나왔다. 내가 "아까 정답을 말한 사람이 있어. 개나리 박사님이 개나리를 흙에다가 심으래. 그래야 뿌리가 난대"라고 하니 ○○이가 벌떡 일어선다. 내가 "○○아, 일단 설명 듣고 하자"라고 말하고는 화분이 밑에 구멍 뚫린 이유, 흙을 고르는 법, 심는 방법, 물 주기 등을 이야기 해 주었다. 그러고는 "여러분이 책상과 의

자를 가지고 6학년 때까지 올라간다고 했죠? 오늘은 여러분 개나리 화분을 만들고 그걸 6학년때까지 길러 보세요. 6학년까지 여러분도 쑥쑥 자라고 개나리도 쑥쑥 같이 자랄겁니다"라고 하니 ○○이가 "개나리 이름 지어 줘야지" 한다. ○○이도 "개나리 이름 지어요" 한다. 각자 개나리 이름을 쏟아낸다. "코딱지", "돼지", "○○개나리" 등등…. 대화를 나누고는 신을 갈아 신고 보건실 뒤편으로 향했다.
아이들에게 화분을 하나씩 나누어 주니 구멍을 막을 돌을 찾아다니느라 난리다. 내가 창고에 가서 삽과 모종삽을 들고 와서는 화분에 담아 주고 나서 교실 앞 화단으로 향했다. 모두들 낑낑 대며 화분을 옮기는데 ○○이가 벌써 개나리를 들고 나왔다. "○○아, 화분부터 옮기고 나서 심자. 다시 갖다놔"라고 하니 후다닥 뛰어가더니 다시 화분을 옮기기 시작한다.
교실 앞 화단에 화분을 옮기고는 흙을 깊게 파서 각자 개나리를 심었다. ○○가 "선생님, 깊이 심으면 밑에 있는 잎하고 꽃이 흙에 잠겨요" 한다. 내가 "괜찮아. 거기서 뿌리가 날 거야"라고 하니 열심히 흙을 판다. 그리고는 각자 플라스크에 물을 담아서 물을 듬뿍 주라고 이야기해 주었다. 각자 개나리를 심어 놓고 화분을 화단 앞에 늘어 놓으니 제법 폼이 난다. 아이들이 모두 빨리 이름표 만들자고 난리다.

4월 7일

◎ 어떻게 하지? I

○○가 아침에 교무실로 가지가 잘린 카네이션 한 송이를 들고 왔다. 자기가 주웠다는 것이다. 아무래도 전날 동창회 행사 후에 운동장에 떨어져 있었던 모양이다. 아직 꽃망울이 피지 않고 둥글게 맺혀있는 그런 모양이다. 내가

"이거 어떻게 할까?"라고 물으니 "플라스크에 담가 놔요" 한다. ○○이랑 같이 교실에 와서 플라스크에 물에 카네이션을 담그는데 ○○가 말한다. "선생님, 이거도 화분에 꽂아 줘요. 자라게요."
헐! 순간 고민이 막 생긴다. '이걸 아이에게 어떻게 설명해 줘야 하지? 어떻게 상황

을 만들어줘야 하나?'

◎ 어떻게 하지? II

어제 2블럭 시간은 통합 교과이다. 오랜만에 노래를 배워 볼까 싶어서 백창우의 '봄은 언제 오나요?' 가사를 프린트해서 하나씩 나누어 주었다.

봄은 언제 오나요

하얀 눈아 내려라 소복소복
나무들아 자거라 새근새근
날만 새면 남쪽 하늘 해가 빛나고
햇볕에 하얀 눈도 단젖이 된다
봄은 언제 오나요 봄은 언제 오나요

작은 싹아 자라라 뾰죽뾰죽
벌레들아 깨어라 곰실곰실
찬 바람은 불어도 봄은 올 거야
햇볕을 마시면서 어서 크잔다
봄은 곧 ○○대요 봄은 곧 ○○대요
○○대요 ○○대요

아이들과 같이 가사를 한 번 읽어 보고는 이런 저런 얘기를 나누다가 "얘들아, 봄은 언제 와?"라고 물었더니 "3월이요", "5월이요", "봄바람이 불면요" 한다. 내가 다시 "봄은 무얼 보고 알 수 있지?"라고 물으니 "달력이요", "봄바람이요", "꽃이요." 한다. 그런데 나를 빤히 보던 라○○이가 "개나리요" 한다. 순간 라○○이를 제외한 아이들에게 밀려오는 배신감! '왜 개나리를 말하지 않지?'

4월 10일

◎ 화분 흙 보충하기

개나리 화분의 흙이 나날이 다져지고 있다. 아이들이 물도 많이 주었고 며칠간 비가 내린 것도 한몫을 한 것 같다. 오늘 2블럭 통합 시간에 아이들보고 화분 흙을 보충해 주자고 했다. 활동을 시작하기 전에 아이들에게 물어보았다. "화분에 흙이 많이 줄어들었어. 왜 그럴까?"라고 물었더니 ○○가 "흙이 작아졌어요"라고 하고 ○○이가 "물을 부어서 흙이 작아졌어요"라고 하고 정○○이는 "두더지가 파 가서 흙이 줄었어요" 한다. 그러고는 아이들이 개나리 박사님 언제 오냐고 당장 데려오란다. 일단 다음 주 화요일에는 오실거야라고 말하고는 개나리 박사님 상황은 넘겼다.

내가 "흙이 부족하면 개나리가 잘 못 자라니 나가서 흙을 보충하자. 단 개나리가 흔들리면 뿌리가 끊어져서 죽을 수도 있으니 조심해서 흙을 넣고 그 위에 물을 주자. 그리고 물을 주면 그 흙이 어떻게 되는지 잘 봐"라고 했다.

아이들이 화분을 한번 살피더니 내가 "어떻게 하면 흙을 옮겨 올 수 있을까?"라고 했더니 일제히 거름 흙이 있는 곳으로 뛰어갔다. ○○이, 라○○이, ○○이는 유치원 쪽으로 뛰어간다. 역시나 유치원의 모래 놀이 기구를 슬쩍 하려는 것이다. ○○이는 거름장 옆에 있는 삽을 들고 흙을 가득 퍼서는 옮기고 다른 아이들은 유치원 모래 놀이 도구를 이용한다.

흙을 보충하고는 물을 주었는데 ○○이가 "선생님, 흙이 줄어 들어요."한다. ○○이는 "흙이 줄어 드는데 어떻게 해요?" 하길래 흙을 더 부으라고 했다. 내가 "왜 물을 부으면 흙이 줄까?"라고 하니 ○○가 "물은 무겁잖아요. 물이 깔고 앉으니 흙이 눌려서 그런거예요" 한다.

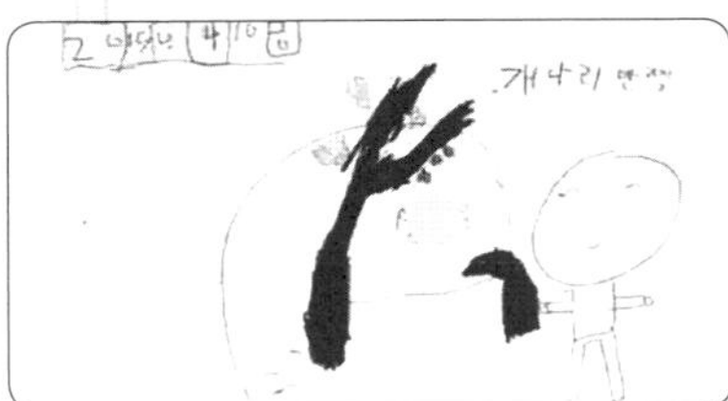

아이들은 개나리를 화분에 심고 물을 주는 활동을 통해 식물이 자라는 데는 흙과 물이 필요하다는 것을 알았고 도화지에 그림을 그리는 활동을 하면서 자기의 경험을 다시 확인할 수 있었다.

<1~2학년 바생>
ⓘ 생명의 소중함을 알고 봄철 주변에 있는 꽃이나 나무, 새싹을 보살핀다.
ⓢ 생명이 소중한 이유를 알아보고, 봄철 생활 주변의 생물들을 존중하며 아끼고 보호할 수 있다.

4월 14일

아침부터 아이들이 개나리 박사님 언제 오냐고 난리다. 얼마 전에 내가 "나는 유명한 개나리 박사님을 알고 있어. 그분한테 여쭈어 보면 개나리의 모든 것을 가르쳐 줘"라고 말한 것이 화근이다. 지난주부터 아이들은 "빨리 개나리 박사님을 보고 싶어요", "설마 선생님이 변장하고 오는 건 아니죠?", "야, 그거 다 뻥이라"라고 아이들이 난리였다. 그럴 때마다 나는 "거짓말 아니거든, 뻥도 아니고. 나 진짜 개나리 박사님 알고 있어"라고 우겼다. 그리고 오늘 아침부터 아이들이 개나리 박사님 빨리 데리고 오라고 난리였다.

오후가 되어 아이들에게 "모임터에 가 봐. 그럼 개나리 박사님이 계실 거야"라고 했다. 생태 선생님이 활동하고 계신 곳이다. 아이들이 우 몰려 갔는데 가서 무슨 행패나 벌인 것은 아닌지 모르겠다.

5월 6일

◎ 처음부터 다시 시작하기

4월 24일에 서울교사대회를 다녀왔다. 참 무더운 날이었다. 그날이 금요일이었기에 학교 선생님에게 꼭 개나리 물을 줘 달라고 부탁을 했다. 그 다음 주 월요일에나 학교에 갈 수 있을 터였는데 아무래도 개나리가 걱정이 되었던 것이다.

다음 주 월요일, 4월 27일에 학교에 갔더니 앗불싸! 개나리가 다 말라 죽어가고 있었다. 부랴부랴 물을 주었지만 회복이 될 것 같지 않았다. 그래도 살려 보고 싶은 마음에 한 열흘을 정성스레 봐 주며 기다렸는데 회복될 것 같지 않았다.

오늘 1블럭 시간에 아이들에게 개나리 이야기를 꺼냈다. "얘들아, 개나리가 다 죽어가"라고 했더니 ○○이가 "물을 줘야 해요"라고 한다. 내가 곰곰이 생각하는 표정을 지었더니 ○○이가 "흙이요"라고 한다. 내가 다시 "내 생각에는 아무리 물을 주고 흙을 더 주어도 살아날 것 같지는 않아. 되살리기에는 너무 늦어버린 것 같아. 어떻게 하지?"라고 했더니 ○○이가 "뽑아 버리고 다시 심어요" 한다. ○○이 말대로 그렇게 하기로 하고는 아이들과 화분 있는 곳으로 갔다. 아이들 모두 화분을 들여다 보고 있다. 가장 먼저 ○○이가 개나리를 휙 뽑아서는 던져 버린다. 헉! 내 머리가 뽑혀나가는 기분이다. 뭐 어쩔 수 없지…. 다른 아이들은 자기 개나리가 괜찮은지 뽑아야하는지 나에게 묻는다. 아이들이 자기 개나리를 보고 어떤 상태인지를 파악하는 것은 아직 어려운 일인가 보다.
뽑아 내야 하는 아이들 몇에게 뽑으라고 하고는 새로 적당한 개나리 가지를 자르러 갔다. 내가 잘라야 하고 아이들은 눈이 말똥말똥하게 서 있는데 무슨 가지를 잘라야 할지 주저된다. 이것저것 고르다가 비교적 부드러운 가지에 잎이 적은 것으로 골랐다. 그것을 잘라서는 잎을 상당수 떼 내고 아이들에게 깊이 심고는 물을 주라고 했다.
○○이가 뽑은 개나리 가지를 살펴보고 있는데 ○○이가 먼저 "선생님, 뿌리가 없어요" 한다. 참 고마운 녀석이다. 하고 싶은 말을 먼저 해 주다니! "그러네, 뿌리가 없네"라고 했더니 ○○이도 자기 가지를 들여다보고는 뿌리가 없다고 한다. 9명이 개나리를 뽑고 다시 심었는데 단 한 명도 뿌리가 보이지 않았다. 갑자기 잘 자라고 있다고 생각되는 개나리도 뿌리가 있는지 뽑아 보고 싶어졌다. 그렇게 개나리 가지 산목하기는 다시 시작되었다. ㅠㅠ 교실에 와서도 계속 고민이다. '저 화분의 흙을 테니스장의 마사토를 바꿀까 말까?'
교실에 와서 2블럭 시간에 "사람은 자식을 낳고 늙어서 죽듯이 식물은 씨앗을 남기거나 가지로 번식을 한단다. 우리가 심은 개나리 가지는 저 화단의 큰 개나리로 봐서는 자식과 같은데 우리가 잘 키우려다가 죽여 버렸네. 다시 자식을 심었으니 이제는 잘 커야 할텐데… 우리 이제 개나리에 대해 좀 더 자세히 알아보고 잘 키워 보자"라고 했더니 ○○이가 "집에 가서 개나리 책을 다 찾아봐야겠어요. 밤 새서라도 다 읽을래요"라고 한다.

아이들은 시들어 버린 개나리 가지를 뽑아 버리고 새 가지를 심어 보면서 개나리 번식시키기가 쉽지 않다는 것을 알았다. 또 개나리를 잘 번식시키기 위해서는 공부가 필요하다는 것을 알게 되었다.

<1~2학년 바생>

ⓖ 생명의 소중함을 알고 봄철 주변에 있는 꽃이나 나무, 새싹을 보살핀다.
ⓢ 생명이 소중한 이유를 알아보고, 봄철 생활 주변의 생물들을 존중하며 아끼고 보호할 수 있다.

5월 7일

◎ 개나리 살리는 방법을 조사하기

아침에 오자마자 도화지 전지를 꺼내서 '반드시 개나리를 살려 보자'라고 적었다. 그 종이에 아이들의 개나리 살리는 방법을 포스트잇으로 주욱 붙여 볼 생각이다. 그 전지를 교실로 들고 가서는 칠판 위에다가 자석으로 붙였다. 그걸 보더니 ○○이가 나에게 와서는 "선생님, 나 개나리 살리는 방법 알아 왔어요" 한다. 내가 "그래? 어떻게 하면 돼?"라고 물으니 "마늘 5개를 으깨서요 물에 타서 화분 가에 부어 주면 돼요" 한다. 무슨 주술 행위 같다. "그거 어떻게 알아냈어?"라고 물으니 "휴대폰으로 알아냈어요."한다. 아무래도 포털사이트에서 검색을 한 모양이다. 순간 고민이다. '야아… 이걸 어쩌나… 내가 모르는 방법이기도 하거니와 휴대폰으로 간단하게 검색할 줄이야.' 1학년의 전자기기 사용 능력을 너무 과소평가했다.
1블럭을 시작하자 아이들에게 개나리 살리는 방법을 알아 왔냐고 물으니 ○○이 혼자 알아 왔다. 어제 알림장에다가 부모님에게도 도움을 바란다고 직접 적었건만… ㅠㅠ 일단 ○○이한테 포스트잇에 적게 하고는 칠판 앞에 붙여 주었다. 아이들은 개나리 가지 살리는 방법을 어떻게, 어떤 내용으로 알아 오게 될까?
그 와중에 ○○이는 "선생님, 개나리를 자를 때 비스듬하게 잘라서 물에 담궈 놓으면 뿌리가 나요. 그 다음에 심으면 잘 자라요" 하길래 ○○이 말대로 개나리 가지를 하나 골라 비스듬하게 자른 다음 삼각플라스크에 물을 담고 개나리 가지도 그곳에 담가 놓았다. 이미 그 전에 한 번 사용했던 방법인데 기다려 보면 뿌리가 나기는 날려나?

아이들은 집에서 개나리 가지를 살리는 방법을 알아보면서 개나리 가지를 살리기 위해서는 정성을 기울여 돌보아야 한다는 것을 알았다.

<1~2학년 바생>

(교) 생명의 소중함을 알고 봄철 주변에 있는 꽃이나 나무, 새싹을 보살핀다.

(성) 생명이 소중한 이유를 알아보고, 봄철 생활 주변의 생물들을 존중하며 아끼고 보호할 수 있다.

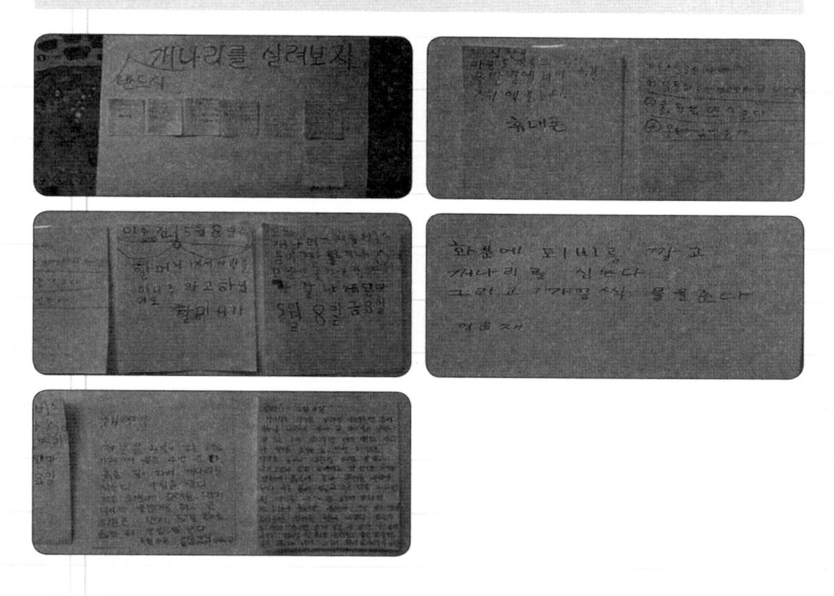

6월 29일

◎ 물 속에 뿌리 관찰하기

개나리를 살리기 위한 노력이 몇 달째 계속 이어지고 있다. 그 동안 날씨는 뜨겁기도 엄청 뜨거웠고 참 지독히도 가물었다. 소양강댐 물이 발전이 될랑 말랑 할 정도였고 논과 밭은 말라서 타들어 갔다. 아이들도 개나리를 살리기 위해서 2~3일에 한 번씩 화분으로 물을 퍼 날라야 했다. 그 와중에 개나리 5포기는 말라 죽고 4포기는 살지 못 살지 아슬아슬하고 4포기는 아주 건강하게 잘 자라고 있다.

그 와중에 지난달 초 ○○이가 물에 담가 놓은 개나리에서 드디어 뿌리가 나왔다.

나도 별 신경을 안 쓰고 물에 담가 둔 채 잊고 있었는데 아침에 ○○가 "선생님, 개나리에 뿌리가 났어요" 하는 것이다. 나는 또 개나리 가지에 생긴 기포 자국을 보고 그러려니 했는데 보니 진짜 뿌리가 3cm 정도 자라난 것이다. 아이들 몇이 우 몰려와 개나리 뿌리를 구경했다. 그걸 보더니 ○○이가 "선생님, 이제 심어도 되겠어요" 하니 ○○이가 "난 노지에 심고 싶어요" 한다. 내가 아이들에게 "얘들아, 이 뿌리 난 개나리 어떻게 할까?"라고 물으니 그대로 두자는 아이, 심자는 아이가 나뉜다. ○○이가 "그대로 두면 뿌리가 막 자라서 유리병이 터질껄요" 하니 ○○이가 "뿌리로 병이 터지지는 않거든" 한다. ○○이가 "선생님, 뿌리가 더 자라면 유리병(삼각플라스크)에서 뺄 때 뿌리가 다 부러져요" 한다. ○○이가 가만히 이야기를 듣고 있더니 "선생님 저 병 바꿀래요" 하면서 삼각플라스크에서 빼서 주둥이가 넓은 플라스틱 병으로 옮긴다.

내가 아이들에게 "얘들아, 개나리가 5뿌리는 죽고, 4뿌리는 잘 살고, 4뿌리는 죽을랑 말랑 해" 하니 ○○이가 "선생님, 죽은 개나리는 ○○이꺼 처럼 새로운 가지를 잘라서 물에 다시 꽂아 놓으면 안 돼요?"하니 ○○이가 "비스듬하게 잘라야 해요" 한다. 내가 "맞아, 비스듬하게 잘라야하지"라고 말하고는 개나리 가지를 새로 5개 잘라와서 아이들에게 나누어 주었다. 그러고는 잎을 반 이상 뜯어 내게 하고 삼각플라스크에 물을 담아서는 꽂아 두었다. 한여름인데 지금 가지를 꽂아도 뿌리가 날까?

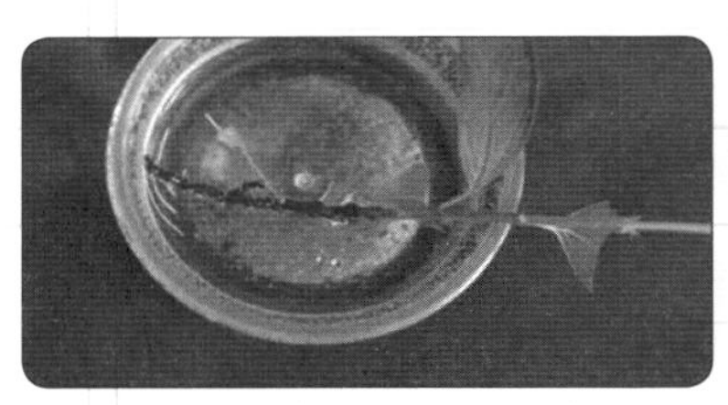
<물 속에서 뿌리가 난 개나리>

<새로 가지를 잘라 플라스크에 꽂은 개나리>

<잘 살고 있는 개나리>

<살지 말지 결정 내리기 어려운 개나리>

<죽은 개나리>

11월 13일

◎ 새로운 생각

어느덧 가을이 지나간다. 그동안 화분에 심어 두었던 개나리와 방학 전 뿌리를 내려고 플라스크에 꽂아 둔 개나리를 포함하여 6포기가 살아남았다. 개나리가 죽은 아이들에게는 내년에 다시 가지를 꺾어 살려 보자고 다독여 주었다. 그리고 다같이 화분에 정성들여 개나리를 키워 볼 생각이었다. 그런데….

2주 전 드디어 많은 사람들이 염원하던 학교 테니스장이 철거되었다. 학교가 훤하니 인물이 좋아졌다. 서쪽 논과 맞닿은 경계는 기존 잡목들을 다 캐내고 흙 둔덕을 깔끔하게 사면으로 정리하였다. 시원하기는 하나 나무가 싹 없어지고 흙이 드러나니 좀 휑하기는 하다. 그곳에는 학교 대응투자비로 나무를 심을 계획이다. 박숭호 선생님이 교장 선생님과 여러 차례 의견을 주고받은 결과 서쪽 사면은 개나리를 심기로 했다고 한다.

개나리라…. 뭔가 확 땡긴다. 아이들과 저 민둥산 서쪽 사면을 개나리 동산으로 만든다? 일단 교장 선생님께 말씀 드려서 그쪽을 1학년이 분할받아야겠다. 그런 다음 아이들과 그 주변을 어슬렁대 봐야지. '뭔가 휑하지 않아?', '비 오면 다 무너지겠다.', ' 뭘 심으면 좋을까?' 아이들에게 던져 봐야겠다. 안 그래도 최근 며칠 동안 비가 자꾸 오고 아이들은 그쪽 흙 언덕을 누비느라 빠지고 옷이 젖고 난리였는데 새로운 공간으로 만들어 봐야겠다.

11월 25일

◎ 개나리 옮겨심기

2블럭 통합 교과 시간에 아이들에게 "우리 학교 공사했잖아?"라고 말하니 서로 난리다. "테니스장 왜 치웠어요?", "철거가 뭐예요?", "이제 넓어진 곳은 우리 운동장 되는 거예요" 등등 말을 쏟아 낸다. 평소 관심의 대상이었나보다. 이야기를 한참 듣다가 내가 "저기 있던 나무도 다 없어졌잖아? 그리고 경사면이 생겼어"라고 말하니 라○○이가 "경사면이 뭐예요?" 한다. 내가 "응, 비스듬한 땅을 경사면이라고 해. 경사면은 비가 오면…"까지 말하니 ○○이가 "무너져요" 한다. 내가 "맞아, 경사면을 그대로 두면 비가 오면 무너져. 흙이 떠내려가기도 하고 난리가 나지. 그러면 어떻게 하는 것이 좋을까?"라고 하니 ○○이가 "그 흙 다 퍼내면 돼요" 하길래 내가 "음…" 하며 생각하는 척을 하니 ○○가 "나무를 심어야 돼요" 한다. 내가 "맞아, 나무를 심으면 돼. 우리 개나리 거기다 심을까?"라고 하니 아이들이 반반으로 나뉘었다. 심는 것은 좋으나 지금은 일을 하기 싫다는 것이다. 줄넘기를 하고 놀고 싶으니 나가서 줄넘기를 하자는 투다. 내가 "음… 트리하우스는 재작년 졸업생이 짓고, 장승은 작년 졸업생이 만들었고, 올해 졸업생은 정자를 만들어. 우리 학교는 어린이가 직접 만드는 학교이기 때문이지. 선생님은 학교 흙이 무너질까 봐, 1,500원이 만든 우리만의 개나리 밭을 만들려고 했는데 너희들이 놀고 싶다니 할 수 없지. 그냥 놀러 가자"라고 했더니 여러 어린이가 "야, 학교가 노는 곳이냐? 왜 그러는데?", "선생님, 개나리 심으러 가요" 한다. 내가 못 이기는 척 "그럼 개나리 심으러 가자. 뭘 준비하면 될까?"라고 물으니 아이들은 대답도 안 하고 우~ 뛰어나가서는 괭이, 삽, 모종삽, 퍼는 삽 등을 들고 왔다. 그러고는 적당한 땅덩이를 정해서 서로 각자 구덩이를 파느라 난리다.

구덩이 파는 것까지는 우예저예 했는데 화분에 있는 개나리를 옮겨 심으려니 쩔쩔맨다. 내가 화분 흙을 손으로 받치고는 거꾸로 엎어서 개나리를 흙째 빼낸 다음 구덩이에 심어 주었다. 그러고는 아이들에게 물을 떠 오라고 해서 물을 주게 했다. 몇 번을 줘야 하냐고 묻길래 내가

"100번은 줘야 해, 옮겨심기를 하고 나면 물을 엄청 많이 줘야 뿌리가 흙 속으로 잘 자라"라고 말해 줬다. ○○이는 100번이란 소리에 기가 빠진 표정이다. 내가 살짝 "5번만 줘도 돼. 네가 줄 수 있는 만큼 줘봐"라고 했더니 "네" 하면서 물통을 들고 뛰어간다. 그렇게 한참을 움직이니 휑하던 맨땅에 고만고만한 개나리 몇 포기가 자리를 잡았다.

이 개나리들이 내년 봄에 어떤 모습을 보여 줄까? 기대가 엄청나다.

아이들은 화분에 있던 개나리를 화단에 옮겨 심으면서 화분의 식물을 땅에 옮겨심는 방법을 알게 되었고 내년 봄에 필 개나리에 대한 기대를 가지게 되었다.

<1~2학년 바생>

㉴ 겨울철 식물의 겨울나기를 도와주고 보호하는 활동에 참여한다.

㉳ 동식물을 보호해야 하는 이유를 알아보고, 동식물 보호 활동에 참여할 수 있다.

7. 마무리하며…

아이들과 1년 동안 개나리를 가지고 이래저래 놀았다. 곁들여 교실 앞에 화단도 만들면서 여러 꽃씨도 뿌리고, 꽃도 기르고 알콩달콩 예쁜 것들과 시간을 보냈으니 나로서는 나름 행복한 프로젝트였다. 1학년 아이들과 이렇게 긴 호흡을 가지고 하나의 주제로 대화 나누기가 쉽지 않을 것이나, 이번 아이들이 화단에 정을 가지고 살아 준 덕에 많은 이야기를 적을 수 있었다.

앞의 기록을 할 때는 아이들의 경험들을 적고 그와 관련된 사진이나 활동지를 옮겨 실었다. 사진 한두 장과 활동지 스캔 자료가 나의 기록들을 훨씬 입체적으로 풍성하게 해 줄 수 있기 때문이다. 또한 각 기록 마지막 부분에는 아이들의 경험을 간략히 요약하여 기록하였으며 그와 관련된 교육 과정 내용과 성취 기준을 병기하였다. 교과를 위한 수업, 분절적인 수업의 한계를 벗어나 아이들의 경험과 표현 활동을 통해 아이들의 성장을 확인하고 교육 과정과 관련하여 해석해내기 위해서였다. 원래 교과란 것이 아이들의 성장 과정에 도움을 주기 위해 개발된 해석의 결과물이 아니었던가?

여기에는 물론 많은 한계들이 드러나 있으며 우리에게 또 다른 질문을 남겨 놓는다. 그에 대한 답을 찾는 과정은 나와 함께 근무하고 있는 동료 교사들이 함께해 주기를 기대하며 그 과정에서 분명한 답들이 우리 모두에게 주어질 수 있을 것이라 확신한다. 우리 교사들끼리 우리의 삶의 맥락에 바탕을 둔 배움 공동체를 구성하게 되는 것이며 그 결과 나는 큰 성장의 맛을 보리라 믿는다.

아이들과 내가 프로젝트를 고리로 몸을 열심히 움직이고 마음이 따라 커 가고 또 다른 생활의 목표가 생기는 과정을 그려 본다. 그간 개나리를 살리느라 물병을 들고 멀리 떨어진 수돗가로 뛰어다니며 옷에, 길에 물을 줄줄 흘리던 아이들의 얼굴을 생각하니 얼마나 우스운지 모르겠다. 아이들의 이런 개나리 사랑에 내년 봄 개나리는 어떻게 답을 해 줄까?

삶 프로젝트 수업의 충분 조건들

5

학교 문화

평가관 - 이해와 평가 사이에서 헤매기

삶프로젝트 수업은 분명 우리들에게 익숙하지 않은 것 같습니다. 수업에서 교과를 벗어나는 것도 쉽지 않은데 수업 후에 기록을 해야 하고 학습 공동체가 지속적으로 함께 이해의 길을 걸어야 한다는 것이 일단 물리적으로도 쉽지 않아 보입니다. 비현실적인 것처럼 보이기도 합니다. 몇몇 교사들의 헌신적인 노력으로만 그칠 수도 있겠습니다.

하지만 한두 가지의 조건들만 더 뒷받침되어 준다면 그렇게 불가능한 일만은 아니겠습니다. 여기서는 삶프로젝트 수업이 학교 현장에서 좀더 현실성 있게 진행되기 위한 충분조건들을 제시합니다. 이 외에도 더 필요한 일들이 제기되고 실험되어져서 현장 교사들이 더욱 신나게 새로운 수업으로 접근할 수 있기를 바랍니다.

학교 문화

삶프로젝트 수업은 교사 개인의 역량으로 풀어 가는 것에서 답을 찾지 않습니다. 함께 풀어 가는 공동체성을 중요시합니다. 내 반 수업이 아니라 우리의 수업으로 풀어 가고자 합니다. 이와 관련된 것이 바로 학교 문화입니다. 학교 문화에 대해서는 우리 모임 회원인 강일병 선생님께서 정리해 주셨습니다.

'삶프로젝트 수업이 가능한 학교는 어떤 학교일까?'에 대한 물음은 이 길이 아무도 가 보지 않는 길이기도 하고 이 길이 어느 한 길을 정할 수 없다는 점에서 순전히 나의 개인적 경험과 내가 처한 환경에서 대답을 찾을 수밖에 없다. 그러므로 이 대답들은 주관적일 수밖에 없지만 그래도 삶프로젝트 수업을 하려는 학교, 내지는 교사들에게 자료 정도의 가치는 있을 것이라 생각한다.

1. 삶프로젝트 수업이 가능한 학교는?

6학년 1학기 국어과를 보면 2. 다양한 관점, 9. 주장과 근거, 11. 뉴스의 관점이란 단원이 있다. 두 단원에 관점이란 낱말이 있고 주장도 결국 자기 관점을 바탕으로 나오는 것인데 이들을 각각 따로 공부하려니 내 마음이 답답해져서 일명 '사드 배치'라는 제재로 통합해서 공부하기로 했다. 그 활동 중 사드 배치 지역인 성주 소성리에 가 보기로 했다.

교장 선생님께서는 정치적으로 민감한 곳에 학생들이 체험 학습을 가게 되면 혹 문제가 발생할까 걱정하신다는 말씀을 교감 선생님으로부터 전해 듣고 교장 선생님께 프로젝트 주제를 '사드 배치'로 정하게 된 이유와 성주 소성리에 가게 된 계기 등을 말씀드렸다. 그리고 학부모들과는 우리 반 카카오 톡으로 충분히 소통하겠다고 말씀드리니 교장 선생님께서도 소성리 체험에 대해 좋다고 하셨다.

다음 날 교감 선생님께서 교장 선생님의 당부라며 계획 수립 시 사전 학부모 안내장 및 동의서 받기, 계획 수립 후 사전 내부 결재, 집회 참가가 아닌 사드 배치 반대 현장 체험이라는 목적을 학생들에게 분명하게 지도, 언론 노출 및 인터뷰 금지 등의 내용을 메신저로 보내오셨다. 그날 수업을 마치고 교장 선생님의 당부를 포함한 여러 서류들을 준비하고 보니 퇴근 시간이 되었다. 그 다음 날 교감 선생님으로부터 '성주 소성리 체험 학습'이란 제목을 다른 걸로 바꾸고, 전체 프로젝트 계획서를 첨부해 결재를 다시 올리라는 연락을 또 받았다. 언론 노출 및 인터뷰 금지라는 내용에서부터 기분이 좀 상했는데 이제 공문 제목을 바꾸고 전체 프로젝트 계획서까지 첨부하라는 상황에서는 화가 나기 시작했다. 이 날은 금요일이고 해서 괜히 주말에 기분이 상할까 봐 교장 선생님을 만나지 않고 집으로 갔다.

학생들의 관심을 받아 수업을 한다는 건 답도 길도 없고 오직 학생들의 관심을 좇아 내용을 만들어 가야 하기 때문에 학생들의 관심을 찾는 일부터 내용을 정하고 준비하는 일 어느 하나도 간단한 것이 없다. 이럴 때 관리자들이 민원해 주기는 고사하고 절차와 형식을 좇아 여러 가지 서류를 요구하게 되면 교사들의 사기는 꺾일 수밖에 없다.

2. 삶프로젝트 수업이 가능한 학교의 관리자는?

관리자의 문제를 짚기 전에 개인적으로 삶프로젝트 수업은 교사 개인 차원이 아니라 학교 차원에서 진행되어야만 한다는 생각을 가지고 있다. 삶프로젝트라는 이름에서 보듯이 삶을 가꾸는 수업은 학생들의 생활 어느 한 부분이 아니라 학생들의 모든 학교 생활을 대상으로 하기 때문이다. 심지어 가정 및 지역 생활까지도 포함해야 한다.

학교 전체적으로 삶프로젝트를 진행하려면 삶프로젝트의 방향성과 학교 교육의 방향성이 맞아야 하기 때문에 관리자들의 교육적 관점에 따라 많은 영향을 받는다. 교육을 수단이 아닌 목적으로, 학생의 발전을 개인적으로, 그리고 질적으로 봐야 하는데 관리자가 대회 실적과 일제고사를 통한 성적, 보여 주기식 교육 활동을 하려고 한다면 삶프로젝트는 불가능하다.

소위 새로운 학교 운동을 하는 교사들 나름대로 정한 새로운 학교 거점 학교에서 6년째 근무하고 있는 내가 만나 본 관리자 중 삶프로젝트의 방향성에 맞는 교육관을 가진 분은 없었다. 내가 만나 본 관리자들은 자기가 가진 양적 교육관을 거점 학교에 와서도 그대로 밀어붙이려는 분, 아니면 거점 학교 중심 교사들과 마찰을 일으키지 않고 평화롭게 지내기를 희망하는 분들이다. 양적 교육관을 밀어붙이는 관리자와는 교사의 힘이든 아니면 학부모의 힘을 빌어서라도 그 의지를 꺾어 놓을 수밖에 없다. 평화 지향적 관리자라도 작은 부분에서도 양적 교육관을 불쑥불쑥 내밀기 때문에 교사들이 늘 신경을 곤두세워야 한다. 어느 쪽이든 삶프로젝트를 진행하는 학교는 교사들이 만들고 유지해 나가기 위해 끊임없이 노력하지 않으면 안 된다.

3. 삶프로젝트 수업이 가능한 학교의 교사는?

삶프로젝트 교사는 수업을 통해 학생을 가르치는 것이 아니라 학생과 함께 배워야 하기 때문에 학생의 눈높이에서 학생들의 관심을 찾아야 한다. 이때 우리에게 필요한 것은 학생들과 수평적 관계를 맺는 것이다. 수직적 관계 속에서는 학생들의 관심을 찾아낼 수 없다. 그리고 항상 학생들의 말과 행동에 촉각을 곤두세우고 열일 제쳐 놓고 기록을 놓치지 않는 집요함을 가져야 한다.

수업을 내놓는다는 것은 교사로서의 자기를 드러내는 것이기 때문에 쉬운 일이 아니다. 이때 중심 교사들이 먼저 자기 수업을 내놓아야 한다. 중심 교사들이 망가지는 모습을 봐야, 또는 수업 대화를 통해 발전하는 모습을 보여 줘야 주변 교사들이 따라온다. 또한 교사들은 학생들의 배움이 잘 일어났는지 발견하고 배움이 잘 일어나도록 하기 위해 옆에 있는 선생님들과 끊임없이 자신의 수업을 나누고 성찰해야 한다. 수업을 나눌 뿐만 아니라 모두가 주인이 되는 우리 학교를 같이 만들고 그것들이 내 삶으로 이어지는 삶을 살아야 한다.

4. 삶프로젝트 수업이 가능한 학교의 학부모는?

학부모 역시 자기 자녀가 다니는 학교의 방향성을 이해하고 따라 줄 때 삶프로젝트 수업은 가능하다. '사드 배치' 프로젝트를 진행하려고 할 때 교장 선생님의 걱정 중 하나가 혹 학부모들로부터 오해를 살까 하는 것이었다. 사실 나도 정치적으로 민감한 문제라 학부모들의 반응이 살짝 걱정되기도 하였다. 하지만 평소 학부모들과의 소통으로 쌓은 믿음으로 교장 선생님을 설득할 수 있었다.

하지만 우리 학교의 학부모들이라고 해서 학교의 교육 방향에 모두 동의하는 것은 아니다. 학부모들 중 학교 교육의 방향성에 맞지 않는 행위를 하는 사람들이 있다면 이들을 학교 교육의 방향성에 동의하도록 설득시키는 것도 중심 교사들의 몫이다. 방향성에 맞는 강사를 부르는 것도 필요하지만 평소 학교 교육 활동을 통해 끊임없이 학부모들에게 학교 교육의 방향성을 안내하고 이런 교육 활동들을 통해 학생들의 삶을 가꾸는 배움이 일어난다는 것을 실제적으로 보여주어야 한다.

5. 우리 학교에서는 삶프로젝트 수업이 가능한가?

우선 우리 학교는 삶프로젝트 수업의 방향성에 맞는 학교 교육의 방향성을 지켜 나갈 힘이 있다. 관리자가 바뀌어도 그 관리자들의 교육관에 휘둘리지 않고 우리 학교의 방향성을 지켜 나갈 중심 교사들과 든든한 학부모가 있다.

관리자들과 교육관의 차이는 피할 수 없지만 그래도 관리자들의 교육 활동 민원은 잘 되고 있다. '사드 배치' 프로젝트 중 소성리 방문 때도 교감 선생님과 보건 선생님께서 흔쾌히 출장을 같이 가 주신다고 하셔서 학생들의 교통편이 쉽게 해결되었다. 보건 선생님의 민원에서 보듯이 주변 교사들의 참여와 민원도 잘 이루어지고 있다. 교내에서 실시한 야영 때는 유치원 선생님을 포함한 모든 교원들이 학교에서 함께 밤을 보냈다. 교장 선생님도 종종 학교 교육의 방향성에 맞지 않는 제안을 하시긴 하지만 우리 학교가 가진 힘으로 방향성을 지켜 나가고 있다.

학부모들 또한 든든한 후원자다. 학부모회가 중심이 되어 교육 활동의 기획 단계부터 실행까지 학부모들이 적극 참여하고 있다. 특히, 개별 학부모님들이 학생들끼리의 다툼, 학교 교육에 대해 문제를 제기할 때 학부모회가 중재자 역할을 하여 학부모회 차원에서 문제가 해결되거나 정리되어 학교에 전달해 줌으로써 선생님들이 학부모들의 민원으로부터 받는 고통을 대폭 줄여 주고 있다. 이는 학부모들이 매월 학년 모임을 통해 학모들끼리 소통할 수 있는 관계를 만들고 있는 덕분이다. 그 덕에 선생님들은 교육 활동에 매진할 수 있다.

가장 믿음직한 사람들은 우리 학교의 방향성에 동의하고 우리 학교를 같이 만들기 위해 자원해 오신 중심 교사들이다. 서로의 생각이 달라 지난한 협의 과정을 거쳐야 할 때가 한두 번이 아니지만 자기의 생각을 조금씩 양보하고 수정하여 같이 실천할 안을 만들어 낸다. 그 안을 실행할 때는 스스로 움직여 단 한 곳의 빈 곳도 허용하지 않는 자발성과 열정을 가지고 성공적인 마무리가 가능하도록 하는 분들이 중심 교사들이다.

강일병 선생님께서는 삶프로젝트 수업을 하기에 적절한 학교 문화에 대해 교사와 관리자, 학부모에 바라는 기대를 말하였습니다. 그리고 당신이 근무하는 학교에 대해서도 적었습니다. 사실 학교 문화를 바꾸는 일은 그 자체로 그 어려움이 있습니다. 하나의 조직 안에 많은 가치관을 가진 구성원이 함께 살고 있어서 어떤 경우에는 대화조차 쉽지 않기도 합니다.

그럼에도 우리 모임에서는 삶프로젝트 수업을 진행하는 데 학교 문화의 중요성을 끊임없이 제기합니다. 수업은 교사 개인의 역량으로 나타나는 결과가 아니기 때문입니다.

평가관 - 이해와 평가 사이에서 헤매기

교사들이 수업을 바꾸는 데 있어 부딪히는 큰 벽은 '평가'라는 현실적 한계에 있습니다. 평가를 염두에 두고 수업을 할 수밖에 없는 경우도 종종 있습니다. 뱀 꼬리가 머리를 쥐고 흔드는 격입니다. 이에 다시금 평가관을 정리할 필요성이 크다고 생각되었습니다.

1. 관행의 평가

서글프게도 지금까지 '학교' 하면 떠오르는 것은 '시험'입니다. 무엇을 배우는 곳이 아니라 끊임없이 시험으로 확인당하는 곳으로 여겨진 것이지요. 대부분의 학교에서 여러 형태의 시험을 쳐 왔습니다. 이 기간만 되면 아이들은 빅딜(?)의 기회를 놓치지 않기 위해 초긴장

상태가 됩니다. 몇 주 전부터 부모님과 해 둔 거래를 성사시키기 위해 엄청난 노력을 아끼지 않기도 합니다. 용돈을 올리고 스마트폰을 바꾸거나 게임 시간을 늘리기 위해 그 순간을 희생하는 것입니다. 물론 아이들에게 무엇보다 필요했던 것은 자유였습니다. 잘만하면 거기에 금전적 보상이 뒤따르는 것은 그렇게 어려운 일도 아니었습니다.

부모님은 부모님대로 긴장의 끈을 늦추지 않습니다. 집안은 아이가 시험공부하는 데 방해가 되지 않게 조용해야 하며, 부족한 부분을 채우기 위해서는 다른 학원도 계속해서 알아봐야 합니다. 일체의 가족 스케줄은 뒤로 밀리거나 취소되어야 하며 그 누구도 그것에 이의를 달지 않았습니다. 이렇게 시험으로 대변되는 '평가'에서는 점수로 드러나는 결과 말고는 그 어떤 의미도 힘을 쓰지 못하게 되었습니다.

이 시험 결과에 따라 달콤한 무언가가 주어지기도 했고 다양한 종류의 징벌이 주어지기도 합니다. 한동안 시험의 정점에는 대입을 위한 수능이 있었지만 요즘은 끊임없는 스펙에 대한 요구로 그 끝이 보이지 않습니다. 지금까지 우리는 끊임없이 시험 앞에 '평가'당하고 비교당한 무력한 '을'일 뿐이었습니다.

그렇게 오랫동안 학교는 배우러 가는 곳이 아니라 시험당하기 위해 가는 곳이었습니다. 공부를 하는 이유도 오로지 좋은 시험 점수를 받기 위해서였지요. 학교에서 나의 필요나 관심거리를 배우는 경우는 드물고 대부분은 공부를 해야 하기 때문에 당위로 할 뿐이었습니다. 간혹 학교 수업 시간에 새로 알아 가는 것이 재미있을 때가 있지만 이 또한 시험 결과가 나쁘면 부모님이나 교사에게 인정받기가 쉽지 않습니다. 만족스럽지 않은 결과(점수)는 과정도 의미 없게 만들어 버렸습니다.

교사에게 평가는 좋은 무기였습니다. 아이들에게는 어떻게 해서든 수업에 참여하게 하는 협박의 도구로 쓰이기도 했고, 가르쳐 준 것을 익힐 수밖에 없도록 하는 강제의 무기였고, 교사 스스로에게는 수업의 결과를 확인해 보는 도구로 이용되었습니다. 평가를 하더라도 점수를 낸 다음 등급을 매기면서 수업의 결과를 확인했습니다. 평가 이후에 '앞으로 어떻게 할 것인가?'는 상당 부분 학생들의 몫이었습니다.

결국 중요한 것은 점수로 드러나는 결과입니다. 정작 배움의 당사자는 학생인데 그들의 관심이나 흥미, 삶의 의미, 성장은 고려 대상이 아니었습니다. 반대로 남들과 비교해서 어느 위치에 와 있는가가 중요하게 되어 버렸습니다. 우리에게 '평가'는 그런 것이었습니다. 배움의 당사자를 이해하기 위한 것이 아니라 변별하기 위한 것이었습니다. 결과를 가지고 서열을 내기 위한 것, 이것이 지금까지의 평가였습니다.

2. 와중에 과정 중심 평가?

3년 전부터인가요? 이러한 평가에도 변화의 바람이 불기 시작했습니다. 아마도 앞에서 이야기한 관행의 평가에 대한 문제점에 어느 정도 공감대가 있었던 모양입니다. 교육부와 교육청으로부터 갑자기 과정 중심 평가가 강조되기 시작했습니다. 이와 관련하여 여러 연수가 배치되었고, 교사들을 위한 관련 자료들이 배포되고, 관련 지침이 내려오고, 학교생활기록부 작성을 위한 NEIS 포맷도 그에 따라 바뀌게 되었습니다. 교육부에서 배포된 과정 중심 평가 내용은 이러합니다.

학교 단위 학생 평가의 변화를 주도하고 있는 대표적인 정책이 '과정 중심 평가'입니다.

과정 중심 평가는 평가를 통해 학생을 서열화하는 것이 아니라 평가를 학습의 도구로 사용하여 학생의 학습을 돕고 교사의 수업을 개선하는 데 활용되도록 하는 평가 패러다임의 확장이다. 과정 중심 평가는 학생이 수행 과정에서 어떤 사고를 하였는지, 협업 상황에서 어떤 역할을 하였는지에 중점을 두고 관찰, 기록하여 이를 평가 결과로 도출하는 것을 중요하게 여기므로 학생의 학습 결과를 평가하는 결과 중심적인 평가와 대비된다. 과정 중심 평가는 교육 과정, 교수·학습, 평가의 연계를 위하여 교육 과정 성취 기준을 기반으로 교수·학습과 평가 계획을 세우고, 교수·학습 과정에서 자료를 다각도로 수집하여 적절한 피드백을 제공하는 평가이다.

과정 중심 평가는 배운 내용에 대한 평가, 학생 개개인의 발달 상황을 고려한 학습 과정에 대한 평가를 중요시하기 때문에, 교사별 평가로 운영될 필요성이 제기되고 있다. 교사별 평가는 교사가 자신이 가르치는 학급에 대해 평가 계획에서부터 문항 개발, 평가 시행, 피드백 및 결과 산출, 기록까지를 개별적으로 수행하며, 대부분 학교에서 교사들이 함께 평가하는 형태로 이루어지고 있는 학년별(교과별) 평가와 대비할 수 있다.

과정 중심 평가는 성취 기준에 기반을 둔 평가이기 때문에 교사들은 성취 기준의 의미를 잘 해석해서 평가 계획에 반영해야 한다. 교사는 필요한 경우 평가를 실시하기에 앞서 성취 기준을 재구성해야 한다. 이때 성취 기준의 재구성은 교육 과정 성취 기준을 실제 교수·학습 및 평가 상황에 적합하도록 조정하는 것을 의미한다.

첫째, 교육 과정 운영 계획을 수립하여야 한다.
둘째, 교수·학습 및 평가를 연계하여 계획하고 실행한다.
셋째, 평가 결과를 활용한 평정 및 기록 방안을 마련한다.

구구절절 옳은 내용들입니다. 하지만 교육부 주도로 내려온 과정 중심 평가에 관한 내용은 학교 현장을 혼란에 빠뜨렸습니다. 학교 현장에서 평가에 대한 새로운 관점의 형성이나 시도가 있기보다는 갖가지 형태로 기이하게 평가가 변형되기까지 했습니다. 일선 교사들에게 변화의 바람이 달갑지 않게 되었습니다. 중간고사와 기말고사를 빼고 대신 월별 1회 수행평가로 시험을 대신한다든지, 한 시험을 같은 날 치르지는 못하고 반별로 서로 다른 날 치르게 한다든지, 수행평가 결과를 ○□△의 등급으로 표시한다든지, 학부모에 대한 통지는 어떻게 해야 할지 결정하지 못하면서 현장은 혼란에 빠졌습니다. 왜 과정 중심 평가를 이야기하는지에 대한 이유는 빠져 있고 시험을 어떻게 변형할 것인가에만 매달리게 되었습니다. 달을 가리키는데 손가락 끝만 바라보게 되었습니다.

3. 우선, 평가 이전에 수업

지금껏 우리는 학교 현장에서 평가를 두고 많은 혼란을 겪었고 고민을 나누었습니다. 언제 하는게 좋은지, 어떻게 하는게 좋은지, 무엇을 평가해야 하는지 등을 두고 옥신각신하여 왔습니다. 과정 중심 평가가 강조되면서 그 논란은 더욱 거세졌습니다. 몇 번을 평가할건지, 평가 도구는 뭘 사용할건지, NEIS는 어떻게 할건지를 두고 학교마다 별 희안한 모습들이 다 나타납니다. 한마디로 평가에 대해서 격변의 시기를 살고 있습니다.

평가를 두고 우리는 왜 이렇게 각기 다른 생각을 하게 되었고 실천 방향도 제각각 다르게 나타나는 걸까요? 우리는 '평가를 이야기하기 이전에 먼저 짚고 넘어가야 할 다른 무언가를 놓치고 있었기 때문이 아닌가?'하고 생각해 보았습니다. 바로 '수업'입니다. 왜냐하면 평가는 수업을 더 잘하기 위해서 하는 것이기 때문입니다.

당연한 이야기이지만 우리는 아이들의 성장을 위해 수업을 합니다. 그런데 이 성장과 수업을 바라보는 관점이 조금씩 다 다르다는 데 문제가 있습니다. 우리는 무엇을 성장이라고 볼 것이며 그것을 위해 어떻게 수업을 이해할 것인가를 먼저 다루어야 합니다. 성장을 이끌어 내기 위한 수업을 어떻게 이해하는가에 따라 평가도 그 모습을 달리하게 될 수밖에 없습니다.[21]

굳이 다시 한 번 정리하자면 성장을 위한 수업은 결과나 성과를 뚜렷이 드러내기가 불가능에 가깝습니다. '과정'과 '의미'에 관한 내용이기 때문입니다.

4. 우리에게 필요한 평가관 - 평가에서 이해로

평가가 교사에게는 아이들의 성장을 이해하는 과정이 되고, 아이에게는 스스로 자기 의미를 만들어 가는 과정이 되어야 합니다. 다시 말해 아이들 성장의 과정이자 그 자체가 되어야 합니다. 그러기 위해서 평가가 유지해야 할 지향점 네 개를 제안합니다.

---

21) 발달과 성장에 관한 이야기는 이미 앞(따로2. 해석의 틀)에서 드러내었습니다. 그 내용을 참고하여 '평가'와 연관지어 살펴보면 좋겠습니다.

(가) 맥락으로써의 평가

우리는 일상적인 수업에서 수업자에 의한 기록을 중요하게 생각합니다. 이 기록에는 현재 아이들의 경험 내용과 그것이 이루어지는 배경, 상황, 주변 사람들과의 관계 등이 구체적으로 드러나야 하며 대화로 그것들이 어떻게 인식되어지는가가 드러납니다. 동시에 기록에는 교사의 상황에 대한 인식이 녹아 있으며 이를 바탕으로 한 맥락 형성의 과정이 포함되어 있습니다. 이러한 기록은 아이들의 현재 이야기이며 동시에 앞으로 이어 갈 이야기의 전망을 보여 줄 수 있습니다. 기록이 수업에 생명을 불어넣는다고 할 수도 있겠습니다.

수업에서 기록으로 구체화된 맥락은 아이들의 성장에 관한 이야기가 됩니다. 아이들의 수업 배경과 경험 내용, 표현 결과물, 교육 과정과의 관련성 등이 드러나게 되지요. 이는 지속적으로 수업의 맥락을 이어 가는 힘(수업 설계, 앞으로 이어지는 활동의 투명성 제공 등)이 되기도 하지만 그 자체로 아이를 이해하게 되는 평가로서의 의미를 가지게 됩니다. 평가 또한 아이들의 성장 맥락을 지속적으로 읽어 내는 것이어야 하는데 수업에서 기록이 그 역할을 하게 되는 것입니다.

따라서 수업에서의 평가는 단편적인 지식들이 얼마나 습득되었는가를 확인하는 것이 아니라 아이들의 경험을 성장 맥락으로써 이해하는 의미를 가지게 됩니다. 동시에 이어지게 될 아이들의 활동에 대한 단초를 제공하기도 합니다.

(나) 타인과 나의 관계를 이해하는 평가

한 아이의 성장과 그에 대한 이해는 그 아이의 개별적인 모습만 떼

놓고는 될 수가 없습니다. 반대로 함께 학습 공동체를 이루었던 다른 아이들과 주위 상황이나 배경과의 관계성을 확인할 때 가능합니다. 왜냐하면 수업은 단편적인 지식들을 습득하는 과정이 아니라 학습 공동체의 관계망 안에서 경험의 의미를 찾아가는 과정이기 때문입니다.

하지만 여러 아이가 모여 학급이라는 하나의 학습 공동체를 이루고 이 속에서 수업이라는 하나의 맥락을 유지하더라도 아이들 각각의 맥락 또한 존재하기 마련입니다. 평가는 수업의 맥락(공동체의 맥락) 안에서 존재하는 개별 아이의 맥락을 동시에 읽어 내는 것이어야 합니다. 그것은 수업 과정에서 대화로 확인되기도 하며 개개인의 표현 활동(산출물)을 통해서도 확인될 수 있습니다. 우리는 이 관계를 앞에서 공동체의 맥락과 개별적 맥락으로 설명한 바 있습니다.

이 과정을 통해 아이는 전체 수업의 대상이 되는 것이 아니라 다른 아이들과의 관계망 안에서 다시 한 번 해석되는 것이지요. 수업의 주체가 되며 맥락 생산의 주체가 되는 것입니다. 따라서 수업 기록 안에 있는 학습 공동체의 맥락과 그 안에서 다양한 관계망으로 참여하는 아이들 개인의 살아 있는 이야기(개별적 맥락)가 함께 읽히는 것이 삶프로젝트 수업에서의 평가입니다. 결과는 다양한 형태를 가질 수 있으며 평가자의 안목에 의해 충분히 여러 방향으로의 시도가 이루어져야 하겠습니다.

(다) 수업 과정으로서의 평가

평가는 수업을 지속적으로 이끌어 가는 데 핵심적인 역할을 해야 합니다. 이는 결과로서의 평가가 아니라 아이를 이해하는 것으로서의 평가를 의미하며 이어질 수업 설계에 바탕이 되어야 함을 뜻합니다. 수업을 풀어 가는 열쇠라고나 할까요? 앞서 말한 의미(평가)가 곧 수업을 풀어 가는 열쇠가 되며 과정이 됩니다.

평가는 하나의 수업 매듭 끝에 위치하는 것이 아니라 그 과정에 위치하여 수업의 이야기 흐름을 유지시켜 주어야 합니다. 우리는 수업 속에서 아이들이 협력적인 관계망으로 이야기를 만들어 가기를 원합니다. 이야기는 교사와 학생 모두에게 동일한 의미로 해석될 때 강한 힘을 발휘하는데 이것이 바로 수업 과정으로서의 평가입니다.

(라) 의미 해석으로서의 평가

지금껏 있어 왔던 평가는 정량적 평가에 머물러 있는 경우가 많았습니다. 곧 시험과 평가는 같은 의미가 되어있습니다. 교사는 시험의 점수나 등급을 정리하기만 했습니다. 그런데 이것만으로 수업을 이해했다거나 성장을 읽어 냈다고 하기에는 부족함이 많습니다. 살아가는 삶에서 또 중요한 한 부분이 의미인데 그것을 배제해 왔습니다. 왜냐하면 선별하고 등급화하기에 적절하지 않기 때문입니다.

우리는 이제 선별과 등급화와 거리를 두고 의미를 찾으려합니다. 의미는 서로 간의 관계에 기초한 해석을 통해 모습을 드러내는데 결국 평가에서는 교사의 의미 해석이 뒤따라야 합니다. 과정 중심 평가는 수행 과정에서의 목표 도달 정도를 등급으로 나타내는 것이 아니라, 그것들을 포함하여 배움 과정에 대한 교사의 아이 성장에 대한 의미 해석을 나타내는 것이어야 하겠습니다. 점수, 석차, 등급, 성취도 등을 확인하는 것으로는 불가능하며 새로운 도구가 필요합니다.

우리는 지금도 평가와 이해 사이에서 헤매고 있습니다.

따로읽기3 산출물 읽어 내기

위의 논의와 관련해서 우리는 산출물에 관한 이야기를 빼놓을 수 없습니다. 왜냐하면 산출물은 아이들의 활동을 이해하기 위한 핵심적인 매개물이기 때문입니다. 산출물은 이해를 위한 유일한 존재이유라 할 만합니다. 산출물이 이해의 매개물이 되는 이유는 인식의 상징이기 때문입니다. 다시 표현하자면 우리는 인식의 상징인 산출물을 통해서 아이들을 이해하게 됩니다. 이 책의 앞부분에서 말한 '개별적 맥락'을 드러내는 부분이 되는 것입니다. 다만 이 산출물을 어떻게 바라보고, 어떻게 해석하는가 하는 중요한 과정이 남아있기는 합니다.

아쉽기도 이 책에서 산출물까지는 그 내용을 다루지 못했습니다. 산출물에 대해서 이야기 나누어야 할 부분이 상당히 커서 좀 더 연구할 시간이 필요했습니다. 우리에게 주어진 큰 과제이기도 합니다. 곧 산출물만을 가지고 다시 우리의 연구자료가 출판될 수 있도록 준비하고 있으며 『삶프로젝트 두 번째 이야기』로 정리될 수 있기를 기대합니다.

에필로그

삶프로젝트의 과제와 도전

우리는 이상에서 삶프로젝트 수업 대화 과정을 오설란 선생님의 수업 이야기 사례로 살펴보았습니다. 우리 모임은 대화 과정의 각 절차에서 특히 집중하여 살펴본 부분도 있지만 반대로 여러 여건으로 인해 충분히 살펴보지 못하고 숙제로 남겨 둔 부분도 많습니다. 해석의 틀을 마련하거나 산출물에 대해서 고민하기, 수업 속에서의 개별적 맥락에 대한 이해 방법, 이후 수업의 활동 계획 구성하기 등이 큰 숙제거리로 남고야 말았습니다. 수업 활동 계획 구성하기는 간단하게나마 저의 사례를 옮겼으나 독자로서는 충분히 만족하기 어려울거라 생각됩니다.

삶프로젝트 수업 대화를 이어 가다 보면 우리에게 주어진 수업의 세계가 얼마나 크고 넓은지 새삼 깨닫지 않을 수 없습니다. 이 부분은 우리가 앞으로도 계속 모임을 꾸려 가며 조금씩 채워 갈 것입니다. 그 과정을 통해 삶프로젝트 모임이 더욱 건강하게 발전할 수 있을거란 믿음도 가지고 있습니다. 우리는 수업을 완숙한 포맷의 구현이 아니라 학습 공동체가 계속해서 만들어 가는 과정의 연속이어야 한다고 믿고 있기 때문입니다.

짧은 지식과 경험에 기반하여 급하게 다듬어 글을 쓰려니 무척이나 힘들었습니다. 두서도 없고, 대안도 없고, 용어의 개념도 뒤죽박죽입니다. 그럼에도 우리 모임의 작업들은 우리들에게 기쁨을 주기에 충분했고 꽤 오랜 시간 모임을 이어 오며 교실에서 다양한 시도를 펼치고 있습니다. 그렇기에 우리는 삶프로젝트 회원이라는 자부심 또한 높습니다. 비난받고 수정이 필요한 부분이 낱낱이 드러나더라도 여러 사람들에게 보일 필요가 있다고 서로가 격려했습니다. 그것이 우리가 성장할 수 있는 길이라 믿기 때문입니다.

울진에서 먼 길을 오가며 한 번도 모임에 빠지지 않고 참여한 오은경 선생님이 계십니다. 그 선생님이 '내가 삶프로젝트를 하는 이유'라는 글로 이 책을 마무리하고자 합니다.

내가 삶프로젝트를 하는 이유

새 학기가 시작되면 나는 아이들을 관찰한다. 우리 반 아이들은 어떤 특징을 갖고 있는가? 나와 아이들이 어떻게 관계를 맺을 수 있을까? 교사인 나는 어느 지점에서 아이들 한 명 한 명과 특별한 관계를 맺게 되는가 찾아본다. 아이들이 자기 또래와는 어떻게 이야기를 나누고 있으며 어디에 공통의 관심을 보이는가? 그리고 아이들은 어디에서 눈을 반짝이는가.

진단 활동이라 할 수 있는 이 관찰은 삶프로젝트를 시작하면서 하게 되었다. 처음에는 아이들이 무엇을 가장 재미있어 하고 궁금해 하는가를 살펴보았다. 어떤 질문을 하면 아이들의 손발과 가슴이 뛰어 온몸이 자발적으로 움직이게 할 수 있는가가 내 수업의 가장 주된 고민이었다. 지금도 그런 '질문'은 여전히 숙제이긴 하지만 그리 급하진 않다. 이젠 내가 무엇을 던져야 아이들이 그것을 콱 깨물 것인가가 아니라 아이들은 지금 어떻게 살고 있으며 그 삶을 나는 어떻게 격려할 수 있는가, 그리고 그들은 무엇을 필요로 하는가를 고민하는 중이다. 이 고민의 답은 해마다 다르다.

흔히 가르치는 학년이 같으면 같은 교육 과정을 적용한다. 가르치는 사람도, 학교도, 교실도 달라지지 않았으니 그래도 될 것 같다. 심지어 작년에 배웠던 아이들이 참 재미있어 하였다면 더욱 그럴 것이다. 하지만 정작 배움의 주체인 아이들이 바뀌었다. 그들은 작년 아이들과 다른 삶을 살아왔으며 교사와 친구들과 관계맺기도 다를 것이다. 누구나 알고 있는 사실이지만 누구나 아무것도 바뀐 게 없는 듯 작년과 같은 교육 과정을 운영한다. 가끔 바뀌긴 하지만 그건 아이들 삶 때문이 아니라 국가나 도교육청이, 또는 학교장이 바뀌었기 때문이다.

나 또한 그래 왔다. 국가가 제시한 교육 과정 또는 교과서 내용을 더 재미있고 쉽게 가르치려면 어떤 자료가 좋을지, 어떤 방법이 좋을지를 먼저 고민하였다. 그래서 수업 시간에 아이들이 집중해서 나를 쳐다보고 많이 웃고 계획한 수업 과정이 일사천리로 진행되면 (물론 이조차도 드물게 일어났지만) 너무도 즐거웠고 옆 반 선생님들께 노하우랍시고 전하곤 했다. 그 노하우를 전해 들은 선생님들은 때론 나처럼 성공했고 때론 나는 안 되더라시며 실망하곤 했다. 해가 바뀌어 내가 직접 다시 해 봐도 그 결과는 전과 달랐다. 교사라면 누구나 겪어 봤을 것이다. 지금 다시 생각해 보면 내가 기억하고 전해 준 수업 내용에는 우리 반 아이들 이야기가 없었다. 그랬으니 이듬해 다시 적용할 때도 아이들에 대한 기억은 없고 수업을 성공하게 만든 걸로 기억하는 자료만 남아 있었던 것이다.

삶프로젝트에서는 아이들의 삶을 따라간다. 그렇다고 교사는 아이들의 의견만 무조건 반영하는 존재가 아니다. 교사 역시 아이들만큼 중요한 교육의 주체이다. 다만 교사가 가르치고 싶은 것이 꽉 찬 나머지 아이들의 삶에서 활발하게 배움이 일어나는 순간을 가로막지 않아야 하기 때문에 교사가 결정을 내리는 순간까지도 아이들의 삶을 눈여겨 볼 수 밖에 없는 것이다. 그래서 내가 만나는 교실의 교육 과정과 학급 운영 방법은 해마다 다를 수밖에 없다. 나는 이것이 정말 재미있다.

2학년 28명을 맡았을 때다. 중증 장애를 가진 학생도 있어 신경써야 할 부분이 만만치 않았다. 그때 용기를 내서 1년의 중심을 삶프로젝트 수업으로 해 보았다. 마침 통합 교과가 처음 나오던 때라 교과 진도나 내용에 대한 부담은 가질 필요가 없었다. 주제 중심 통합 교과도 처음 실시되던 때이고 나 또한 삶프로젝트를 한번 해 보자 하는 시기여서 그냥 교육 과정이 제시해 준 주제를 따라가 보자 싶었다. 먼저 봄, 여름, 가을, 겨울이라는 시간의 흐름에 따른 주제와 나, 가족, 이웃, 나라라는 공간의 확대에 따른 주제가 아이들의 1년에 어떤 의미가 있을까를 고민해야 했다. 아마도 삶프로젝트를 하지 않았으면 나는 이것을 너무도 평범하고 따분한 주제로 받아들였을 것이다. 게다가 교과서의 그 산만한 구성이라니! 하지만 교과서를 따라가지 않고 아이들의 삶을 따라간 사계절은 놀라웠다. 아이들이 왜 봄, 여름, 가을, 겨울을 배워야 하는가. 그것은 자연의 지극히 당연하고 자연스러운 변화를 온몸으로 느끼는 과정이었고 생태 교육은 물론 겨울이 가면 봄이 올 것이라는 희망을 배우는 과정이었고 기다림의 연속이었다. 몸을 낮게 낮추어야만 찾을 수 있는 학교 주변의 봄꽃과 마스크를 쓰고 진행해야 했던 봄 날씨 예보, 온몸으로 바람을 가르며 달리는 순간 맛볼 수 있었던 에어컨보다 시원했던 여름 바람, 숨죽이고 가만히 기다려야만 만날 수 있었던 곤충들, 네모난 액자를 어디든지 갖다 대기만 해도 멋진 작품이 되던 가을 산, 그리고 마침내 눈빛 때문에 밤조차도 하얗던 겨울의 아름다움을 나는 아이들에게 처음으로 가르쳤고 또 배웠다. 또 사는 곳이 시골이라 박물관, 미술관 같은 문화 체험 교육이 아쉬워 불평만 했던 나에게 우리 동네가 이렇게 멋진 곳이라는 것을 알려 주었다. 교사가 진심으로 감탄하니 감수성 풍부한 아이들은 더했다. 나, 가족, 이웃, 나라라는 주제도 그랬다. 처음 '나'에서는 도무지 어떻게 해야할지 갈피를 못 잡았는데 '가족'에서 놀라운 성장이 일어났다. 교과 내용은 친척의 호칭이라든지, 다양한 가족의 형태를 아는 것이 다였지만 아이들 한 명 한 명의 가족을 알게 되면서 아이들은 '나와 가족'을 발견하고 '친구'를 이해해 갔다. 나 또한 초임 때를 제외하면 아이들에 대해서 가장 많이 알게 되고 아이들이 어떻게 살고 있구나를 가장 많이 알게 되기 시작한 해였다. 부모의 면담이나 가정 방문이 없었는데도 그랬다. 그리고 이제 그냥 시장이 아니라 우리 반 누구가 장날이면 꼭 사 먹는 맛집도 알고, 길도 아닌 시궁창 같은 곳이었지만 우리 반 아이가 급할 때 지나가는 지름길이었다는 것을 알게 되면서 '가족'에서 나눴던 수많은 이야기들은 자연스럽게 이웃으로 확장될 수 있었고 그렇게 우리 반은 마침내 2학년으로서는 너무도 멋진 창작극을 만들어 내었다.

이 한 해의 경험은 그 뒤 내 수업의 중심을 삶프로젝트로 바꾸어 놓았다. 앞서도 말했던 이때의 교육 활동은 다시 2학년을 맡게 된 어느 해에 그대로 적용할 수 없다. 아니 그대로 하고 싶지 않다. 그 아이들과 내 삶의 기록을 다른 아이들과 재탕하고 싶지 않으며 그것은 새로 만난 우리 아이들에게도 예의가 아니다. 모든 것이 달라졌는데 나는 여전히 똑같은 결과를 기대할 것이며 그 기대에 못 미친 아이와 그만큼 해내지 못하는 나를 책망할 것이기 때문이다.

그리고 무엇보다 궁금하다. 새로 만난 우리 반 아이들과 나한테는 어떤 일이 벌어질까? 우리는 어떻게 한 해의 인연을 채워 갈 것인가? 우리 반 아이들은 어떻게 자랄 것이고 난 또 무엇을 배울 것인가?

궁금함은 설렘을 만든다. 설렘은 생각만 해도 기분 좋지 않은가!

이것이 내가 삶프로젝트 수업을 계속하는 까닭이다.

- 울진노음초등학교 교사 오은경